全国高等教育财经

Practical Tutorial of Tax Law

税法实训教程

第2版

主　编◎戴正华　张群丽

副主编◎陈雪梅　胡　冬

经济管理出版社

ECONOMY & MANAGEMENT PUBLISHING HOUSE

总　序

"经济越发展，会计越重要"，这是会计界的一句名言。会计的理论与实践活动随着经济的发展而不断发展，会计教材也要紧跟时代步伐，体现时代的进步与要求。知识经济时代的来临，会计环境和会计工作手段不断变化，对会计专业应用型人才的培养提出了新的要求。

财政部 2008 年发布的《会计改革与发展纲要》（征求意见稿）指出："要注意引导会计教育，使会计教育与会计改革和发展形成良性互动，不断培育复合型、优秀的会计人才。"目前，会计教育的一个关键问题是会计教材建设，它直接关系到会计人才的培养质量和会计教育改革的方向，也必然影响会计教育改革的成败。

如何编写着眼素质教育、突出应用型特色、重视能力培养、紧跟改革步伐、体现时代特征和就业要求、深受师生欢迎的应用型会计专业精品教材呢？

我们认为，应摒弃过分重视理论知识传授而忽视能力培养的弊端，根据会计课程的教学特点，针对应用型会计专业的教学目标和要求，建立由教育行政管理部门、出版社、学校、会计学术团体、会计师事务所等共同参与的、高效的、系统的教材运作机制，全面规划、整合资源，精心制定和切实实施教材建设的"精品战略"，全方位运用现代信息化、网络化技术平台，以学生为本，贯彻互动性、启发性和创新性的教学原则，为教师和学生分别建立多媒体、多环节、多层次的"立体化"教材体系。这就是应用型会计专业教材建设应树立的指导思想。

从目前我们调查的情况来看，应用型会计专业教材存在的主要问题表现在以下几个方面：

（1）缺少符合应用型特色的"对口教材"。作为应用型会计专业教材，应更多地体现其理论联系实际，注重对学生实际动手能力的培养，但现有的会计教材，大多侧重于学科知识的系统性，理论阐释较多。尽管有的会计教材也比较注重实践操作的讲解与指导，但从总体上看，教材的编写仍没有突破传统学科课程的羁绊，尚未形成具有鲜明的、符合应用型特色的课程内容结构体系。

（2）教材形式呆板。会计教材一般都存在着层次不明、风格陈旧、缺乏个性、内容交叉或重复、脱离实际、针对性不强等问题。教材形式呆板，没有做到图文并茂、形象生动，更没有将"书本教材"转化为"电子教材"，以电子课件的形式组织教学还没有真正走进课堂。

（3）教材开发单一，与专业教材配套的实践性教学资料严重不足。实践性教学是应用型会计专业教育与人才市场接轨的有效途径。应用型会计专业实践教学一般占总教学时数的25%以上，其教材建设在应用型会计专业教育中也应占有非常重要的地位。而现有的会计教材往往着重于理论教材建设，虽然部分教材书后配有相应的习题集（事实上也是一种理论训练题），但缺乏实践训练的项目和指导内容。至今为止，还没有一套符合应用型会计专业教育特色的"案例实训"系列教材。实践性教材的奇缺已成为制约应用型会计人才培养的"瓶颈"。

（4）教材内容的更新跟不上会计环境的变化。作为社会科学，会计学的发展及其内容的变革无不受到社会环境的巨大约束和影响。我国改革开放后会计制度的复苏与发展，特别是1993年以来我国会计制度的国际化进程带来的会计教材内容的改革，充分说明了会计环境对会计教材内容的影响。但是，作为紧跟会计环境变化的应用型会计专业教材始终没有及时跟上。

（5）不能处理好传授知识与培养创新能力的关系。"传道、授业、解惑"是教育的基本职责。专业中亟待解决的问题应该在有关教材中体现，如果教材中仅仅是基本知识和技能的讲解，就不符合应用型会计专业的培养目标和要求。因此，应用型会计专业的教材，应该是传授知识与创新能力培养相结合，至少应涉及创新的思维方式方法的引导，让受教育者领会、掌握创新的基本技能，而采用什么方式、如何处理传授知识与创新能力培养的关系，是需要我们深入研究的问题。

我们认为：从长远看，应加大开发应用型教材的力度，实施"精品战略"，形成理论与实践相结合、主辅教材配套的"立体化"的教材体系。

实施"精品战略"，首先要明确怎样才是"精品"。作为应用型会计专业的精品教材，同时应具有如下几个方面的特征：

（1）科学性特征。教材结构合理，内容取舍适当，概念表述准确，难易度恰当，举例清晰正确。注意相关课程的联系，科学地体现各科专业教材的内涵与外延，符合教学规律和学生的认识规律，满足应用型会计专业人才培养的需要。

（2）实用性特征。教材的实用性特征主要反映在两个方面：一方面是技术实用性，教材内容应贴近会计工作实际，理论的阐述、实验（实训）内容和范例、习题的选取都应紧密联系实际，有鲜明的实践性；另一方面是教学实用性，内容的阐述编排便于组织教学，利于培养学生分析问题和解决问题的能力。

（3）先进性特征。教材内容能及时跟踪会计法规和制度更替，既反映现代会计理论和信息技术的发展水平，又反映新的人才培养理念，并能灵活适应教学组织形式和教学技术手段的更新与发展。

（4）规范性特征。教材的版式设计艺术性强，印刷装订质量高，图形、符号、账表、专业术语、操作程序和方法等符合会计准则和会计职业道德规范。

（5）启发性特征。教材内容有利于引导学生树立正确的人生观、世界观和价值观，有利于培养学生科学的思维方式，启迪学生的创新思维，提高他们运用科学的立场、观点和方法观察、分析和解决实际会计问题的能力。

加强应用型会计专业教材的体系创新，是实施"精品战略"的核心。教材作为知识的载体和教学改革成果的表现物，从一个侧面折射出教育思想的变革。创新是教材特色的灵魂，是表现教材质量的要素之一。因此，只有以创新的思想、创新的模式才能更好地促进高职教材的建设与发展，才能将精品战略落到实处。全面落实教材建设的精品战略不仅要抓好核心教材的建设，同时还应重视相关配套教材的建设。这些配套教材包括实验（实训）教材、各类指导书、习题集、业务处理图册及与现代化教学手段相配套的各类新教材（如 PPT 课件、CAI 课件、多媒体教材、网络教材），等等。

在"精品战略"的指导下，建立"立体化"的教材，是应用型会计专业教材建设的方向。

所谓"立体化"教材，就是立足于现代教育理念和信息技术平台，以传统纸质教材为基础，结合多媒体、多环节、多层次的教学资源，建立包括多种教学服务内容、结构配套的教学出版物的集合。"立体化"教材由主教材、实训教材、教师参考书、学习指导和试题库等组成，包括纸质教材、PPT 课件、案例实训资料、案例实训课件、案例实训演示软件、电子教案、电子素材库、电子试题库、网络课程、网络测评系统等部分。其不同于传统教材之处，在于它综合运用多媒体并发挥优势，形成媒体间的互动，强调多种媒体的一体化教案设计，注重激发学生的学习兴趣，将烦琐的会计工作环节直观清晰地体现出来。

要建设完善的会计专业"立体化"教材，必须做好五个环节的工作：

（1）教育行政管理部门牵头，进行总体规划，对出版社公开招标，并建立科学的应用型会计专业教材评价体系。

（2）由中标的出版社牵头组织，相关院校积极配合，整合资源，立项开发，精心设计出整体教学解决方案（教学包），分步实施，集中优秀师资及各种教学素材，力求将专业内容采用最好的"立体化"的表达形式展现出来。

（3）由出版社加强对教师的培训，介绍"立体化"教材的使用方法，真正发挥"立体化"教材的作用和优势。

（4）由出版社办好互助的教学网站，使之成为作者、教师、学生和出版社交流信息和进行教学的互动平台，并为"立体化"教材的使用、修订、升级和改版广开言路，汇集真知灼见。

（5）教育行政管理部门定期进行教材评审，优胜劣汰，不断完善教材体系和提高质量。

教材建设是一个系统工程，教育行政管理部门、学校、出版社、会计学术团体等都应该不断进行教材建设的研究，找准社会对会计人才的需求、应用型会计专业的培养目标和教材三者关系的平衡点。直言之，就是要弄清什么样的教材才能使应用型会计专业能够培养适应社会需要的人才。具体而言，如何设计教材体系，如何选取教材内容，如何理清教材之间、同一教材内部各章节之间的关系，如何把握专业理论的"度"的问题，如何使理论与实训内容有机衔接，如何选择最佳的文字、图形及多媒体等表现形式，如何把握教材的实用性和前瞻性等方面的问题，都是教材建设的重要课题，必须进一步加强研究，并积极地完善落实。

教材建设是一个动态的系统工程，没有最好，只有更好。

编委会

2010 年 8 月

前　言

　　税法是一门实践性很强的学科，纳税实务是一项技术规范要求很高的工作。随着改革的深入和经济的发展，税收活动已经渗透社会生活的方方面面。因此，税法已经成为与人们的生活息息相关的法律，每一个人都不能对其一无所知。正如美国著名文学家、政治家富兰克林所言："人的一生有两件事是不可避免的，一是死亡，一是纳税。"此外，在"经济越发展，税收越重要"的今天，税法对保证国家财政收入、维护纳税人合法权益和促进经济良性发展等方面，都具有积极的现实意义。

　　随着我国经济体制改革的不断深化和完善以及我国经济的飞速发展，税法宣传教育在帮助学生建立依法纳税理念的同时，培养学生依法纳税的技能是税法教育的当务之急。在这种思想指导下，在中南财经政法大学武汉学院、武汉市恒曦书业发展有限公司、经济管理出版社的大力支持下，我们组织了具有丰富工作经验和教学经验的教师，编写了这本《税法实训教程》，旨在使学生通过纳税实务的操作，完成税法课程的实践教学，以增强学生正确进行纳税计算和申报的技能，真正培养符合社会主义经济发展所需要的应用型人才。

　　本书共分九章，全面介绍了从税务登记到纳税申报、税款缴纳、涉税争议处理等内容。本书内容均依据最新的法律、法规编写而成，体系完整，结构合理，资料翔实，内容丰富。书中既全面系统地设置了实训项目，又在此基础上安排了知识链接等栏目，用以拓宽学生的知识面和激发学生学习税法的兴趣。

　　本书由湖北第二师范学院戴正华、中南财经政法大学武汉学院张群丽任主编，武汉理工大学华夏学院陈雪梅、武汉城市职业学院胡冬任副主编。戴正华编写第一章、第五章第二节、第八章，张群丽编写第二章、第三章，陈雪梅编写第四章、第九章，胡冬编写第五章第一节、第六章、第七章。

最后由戴正华负责总纂。

本书体例新颖，重点突出，理论实训并重，突出技能训练与学生动手能力和应用能力的培养。本书既适合各类学校进行税法实训教学使用，也可以作为社会各类人员学习税法实务的参考用书。本书根据税法实训教学要求编写而成，凝聚了编写老师多年的教学经验，也吸收了其他老师和同行的成果，在此谨表谢意。

因水平有限，书中的不足之处在所难免，恳请批评指正。

编　者

2011 年 5 月

目 录

第一章　税法概述

一、税收的作用

【实训目的】

明确税收的意义，提高自觉纳税意识。

【知识链接】

《中华人民共和国宪法》第五十六条规定：中华人民共和国公民有依照法律纳税的义务。

【实训资料】

税收让我们的生活如此美丽

在当今的社会生活大舞台上，税收扮演着越来越重要的角色。是税收让万丈高楼平地而起，是税收让柏油马路通向四面八方，是税收让我们的生活多姿多彩。

税收与我们的生活是息息相关的。一些百姓对税收有怨言，殊不知，门前平整的道路，散步时路过的绿化带，社会的欣欣向荣……都是因为有税收的保障啊！我们向国家上缴税款，将我们的生活托付给了国家管理，再由国家为人民服务。税收并不只是关乎国家，它更是关乎我们自己，它早已渗透我们生活的方方面面。历史的经验告诉我们税收合理宽缓的时代，是百姓安康富有的时代；税收苛刻严厉的时代，是百姓生灵涂炭、流离失所的时代。现在的税收政策则是充分顺应了民心来制定的，并多次根据实际情况进行了调整。所谓"税"，事实上是"取之于民，用之于民"，税收主要是国家宏观经济调控的手段之一。积土成山，聚沙成塔。税收，就是将散落的砖瓦凝聚成高楼大厦。

税收让我们的生活如此美丽。新中国成立前，是"苛捐杂税多如牛毛"，那时候的人们生活在水深火热之中。而当今，是"取之于民，用之于民"的新型税收制度。因为拥有较好的税收收入，我们才能拥有宽敞明亮的教学楼，才有环境优美的公园，才有方便快捷的地铁交通；因为拥有乐观的税收收入，我们国家才有造福于民的南京长江大桥，才有举世闻名的长江三峡水利枢纽和"神舟"载人飞天的创举；因为拥有强劲的税收收入，我们的 GDP 才能年年增长，外资企业才会一步步向中国市场拓展……假如没有税收收入，这一切将永远不可能实现，而我们的生活也会变得困难重重、举步维艰。假如国家没有通过税收集中资金和资源，那我们的交通将大部分停留于土路或无路的境地，更别说高速公路、铁路、地铁等为我们提供便捷的出行方式；没有税收，我们国家就不可能通过宏观调控控制贫富的差距；没有税收就没有城市的公共基础设施，没有绿化带，人们只能生活于城市的污浊空气中……真的难以想象，没有税收将会给我们造成多么恐怖、多么糟糕的情况。税收给生活带来了这么多的好处，"因天下之力，以生天下之财，取天下之财，以供天下之费"。

我曾听过这样一则故事：有一个普普通通的小店老板，小店的利润并不丰厚，但他每个月都缴 120 元左右的税费。有人问他："为什么要纳税，这么多的利润缴出去，你不觉得亏吗？"他的脸上流露出由衷的微笑，说："我的小店之所以生意好，多亏国家把我们缴上的税款拨下来修路。以前通往小店的路不好走，小店的生意不好做。说到底，这税款还是用在我们纳税人身上了。"他还说他女儿在一个条件好的学校读书，学校建设的其中的一部分钱也许就是他缴的税款。"你说亏不亏？"他反问。这位小店老板是一个平凡的人，仅这一句短短的话语，就说明税收与我们的生活息息相关……

是啊，中国是我家，依法纳税靠大家！如果没有了税收，我们便看不到"神十"和"嫦娥"那遥远的太空之旅；如果没有了税收，也就没有了学校、铁路、公路、公园……如果我们每个人都积极缴税，为我们的祖国作出一份贡献，那我们国家的经济发展就不用愁，我们的生活条件就能越来越好……

我们现在每个家庭的收入都不少，拿出一部分缴税，用于国家建设，使生活条件差的家庭过得好，何乐而不为呢？税收能给广大的人民带来利益，也能使祖国更加繁华，更加富强……我们大家应该明白，税收是为了使全国人民过得更好！

税收，它是一条隧道，一端连着个体，一端连着社会；它是一座桥梁，横跨贫困蒙昧之河，指向富裕和文明；它也是"上帝"仁爱和平的声音。"拿出自己多余的面包给正在挨饿的人吧！"于是，我们付出了一部分的财富，得到的却是社会的安宁、国家的强盛、经济的发展、科技的进步、教育的普及。是税收让人类告别了自私和狭隘，走向了文明和繁荣。

在我们尽情享受现代文明的同时，你是否意识到，我们是纳税人，也是税收的受益者，是税收改变了我们的生活。正是千千万万纳税人的无私奉献，才使我们国家的实力更加雄厚，经济社会事业更加发达；正是"取之不竭、用之不尽"的税收之源，才能不断满足我们日益增长的物质文化生活需要。税收就在你我的身边，与我们同行。

【实训操作】

（1）税收与我们生活的关系。

（2）依法纳税的作用。

【总结和体会】

【教师评价】

二、公共需要与税收

【实训目的】

通过了解税收对国家财政收入的重要作用、税收与我们生活的密切联系，感受税收这种常见的经济活动在社会生活中的意义，初步感悟纳税作为公民的基本义务与我们的联系，懂得一些税收的基本常识，学做有责任感的好公民。

【知识链接】

税收是国家为实现其职能，凭借政治权力，按照法律规定，通过税收工具强制地、无偿地征收，参与国民收入和社会产品的分配和再分配，取得财政收入的一种形式。取得财政收入的手段多种多样，如税收、发行货币、发行国债、收费、罚没等，而税收则由政府征收，取之于民、用之于民。税收具有无偿性、强制性和固定性的形式特征。税收"三性"是一个完整的统一体，它们相辅相成、缺一不可。

政府征税的必要性：第一，国家行使其职能的需要；第二，弥补市场机制的缺陷和失灵的需要；第三，税收是宏观调控的重要手段。

【实训资料】

灯塔的故事

在一个靠海的渔港村落里住了两三百人，大部分人都靠出海捕鱼为生。港口附近礁石险恶，船只一不小心就可能触礁沉没而人财两失。这些村民都觉得应该建造一座灯塔，好在雾里、夜里指引方向；如果大家对灯塔的位置、高度、材料、维护都无异议，那么，剩下的就是怎样筹钱和分摊盖灯塔的费用问题了。

村民们怎么样分摊这些费用比较好呢？

既然建造灯塔是为了让渔船平安归航，就依船只数平均分摊好了！

可是，船只有大有小；船只大的船员往往比较多，享受到的好处也比较多。所以，依船员人数分摊可能比较好！

可是，船员多少不一定是科学的指标，该看渔获量。捞得的鱼多，收入就较多，自然应当负担比较多的费用。所以，依渔获量来分摊比较好！

可是，以哪一段时间的渔获量为准呢？要算出渔获量还得有人秤重和记录，谁来做呢？而且，不打鱼的村民也间接地享受到美味的海鲜，也应该负担一部分费用。所以，依全村人口数平均分摊最公平！

可是，如果有人是素食主义者，不吃鱼，难道也应该出钱吗？

可是，即使素食主义者自己不吃鱼，他的妻子儿女还是会吃鱼啊。所以还是该按全村人口平均分摊。

可是，如果这个素食主义者同时也是个独身主义者，没有妻子儿女，怎么办？还是船只数为准比较好；船只数明确可循，不会有争议。

可是，如果有人反对：虽然家里有两艘船，却只是在白天出海捕鱼，傍晚之前就回到港里。所以，根本用不上灯塔，为什么要分摊？或者，有人表示：即使是按正常时段出海，入夜之后才回港，但是，因为是出海老手，所以港里、港外哪里有礁石，早就一清二楚，闭上眼睛都能把船开回港里，当然也就用不上灯塔！

好了，不管用哪一种方式，如果大家都（勉强）同意，都好（也许决定是自由乐捐）！可是，由谁来收钱呢？在这个没有乡公所和村长的村落里，谁来负责挨家挨户地收钱保管呢？

好吧，如果有人自告奋勇，或有人众望所归、勉为其难地出面为大家服务，就可以把问题解决了！可是，即使当初大家说好各自负担多少，如果有人事后赖皮，或有意无意地拖延时日，就是不付钱，怎么办？大家是不是愿意赋予这个"公仆"某些像惩罚等的"公权力"呢？

"灯塔的故事"具体而深刻地反映了一个社会在处理"公共财产"这个问题上所面临的困难。可是，其他的东西像面包、牛奶一个人享用了之后别人就不能再享用；灯塔的光芒却不是这样，多一艘船享用不会使光芒减少一丝一毫。而且，你在杂货店里付了钱才能得到牛奶、面包；可是，即使你不付钱，还是可以享有灯塔的指引，别人很难因为你不付钱而把你排除在灯塔的普照之外。

在现实生活中，如国防、外交、公安司法、环境保护、大型基础设施建设等公共服务都具有类似特征。

【实训操作】

（1）灯塔一旦建成，对岛上的每一个渔民都会带来好处。那么，采取什么方式建造灯塔呢？有三种选择：由某一个渔民出钱建造、组织渔民共同去干、由政府出面兴建。请同学们讨论一下：哪一种方式是切实可行的？为什么呢？

（2）建造灯塔需要购买钢材、水泥等建筑材料，需要支付灯塔设计者的设计费、建筑工人的工资。建造灯塔的费用如何补偿？如何向渔民征收？

【总结和体会】

【教师评价】

三、纳税人的概念

【实训目的】

区分纳税人和负税人，明确纳税人的法律地位。

【知识链接】

纳税人是税法上规定负有纳税义务的单位和个人；负税人是最终负担税款的人。纳税人和负税人是两个相互关联但又存在区别的概念。纳税人依法缴纳税款后，可以自己承担，也可以通过各种方法和途径转嫁给别人承担。承担税款的人，即为负税人，负税人承担的税款，可以是自己依法缴纳的税款，也可以是别人缴纳而转嫁来的税款。存在税收负担转嫁时，纳税人与负税人就不一致；不存在税收负担转嫁时，纳税人就是负税人。

【实训资料】

资料来源于《中国青年报》2005年2月24日刊登的一篇题为《农业税取消后农民仍然是纳税人》的文章。全文如下：

近来各地都相继取消了农业税，于是各地的报道中都说农民从此没有了税费负担。如2月21日《羊城晚报》题为《广东今年起免征农业税农民已没有任何税赋负担》的报道说："今年起全省免征农业税，至此，广东农民已没有税赋负担。"取消农业税减轻农民负担当然是大好事，但如果说从此农民没有任何税赋负担，则是对于中国税赋制度的重大误解，不利于确立人们尤其是农民的纳税人地位、形成农民的纳税人意识，进而行使纳税人应有的权利。

农业税地位尴尬，无法归类，一般勉强归于所得税。但是，从所得税来看，这种税种是不合理的，因为与市民相比，市民的个人所得税在月收入 800元以下是免征的。只有月收入超过 800 元，才开始课税。但农民的农业收入，很少有月收入超过 800 元的，因而，对农业收入课税本身并不公平。取消农业税，是税制走向公平的一步。

但是，由于中国的税制结构并不像美国那样以所得税为主，而是以商品税为主，因此，即使取消农业税，农民作为消费者，与市民一样，同样还在消费环节上给国家纳税，不过这时候，其税负具有很大的隐蔽性，即存在所谓的财政幻觉，自己常常并未感觉到。但是，自己没有感觉到，却绝非没有纳税。如果没有直接去办税大厅缴税，就说没有税赋负担，就不是纳税人，那么，全国能够称得上纳税人的人，岂不是太少了？

具体来说，中国的税制是以商品税为主。商品税包括增值税、营业税、消费税等，是中国最主要的税种。商品税是间接税，容易转嫁，即法定纳税人常常会把纳税义务转嫁给他人，因而具有隐蔽性。这类税收名义上由经营者缴纳，但是，最后多多少少有一部分是要转嫁给终端消费者承担。至于转嫁的份额有多大，主要看课税商品的需求弹性有多大。如果需求弹性大，价格的增加会造成需求的下降，税收主要由经营者承担；需求弹性小，价格的变化不会影响需求的变化，则必然要转嫁给消费者。所以，在消费活动中，表面看，是经营者纳税，但本质上，总有一部分税金由消费者最终承担。因为当今的农民并不是生活在自给自足的自然经济圈子里，总要到市场购买商品，化肥、农药、种子、农机具等生产资料，油、盐、酱、醋、烟、酒、服装等生活资料，哪种不通过市场购买解决？因此，在农民购买商品所付的费用里，必然有一部分是税金。这是没有任何疑问的。

商品税不但容易转嫁，而且对于穷人、富人都是一样地按比例征收，因而，一般认为这个税种与根据能力纳税的原则是有冲突的。而且这种税种由于其隐蔽性，法定纳税人总是以纳税大户自居；而事实上的纳税人却不知道自己是纳税人，容易形成自卑心理，对于培养纳税人精神不利。这对于实际纳税人来说是不公平的。但是，这种税种因为征收成本低，所以在我国一直作为主要税种。

但是，商品税因为征收成本低的优点而存在的时候，千万不要把它的隐蔽性带来的误解当成事实。"死亡与纳税是不可避免的"，一个人从呱呱坠地到进入坟墓，任何时候都免不了纳税。即使是乞丐，他也不是没有任何税赋负担，因为他总要消费。因而，只有认识到人人都是纳税人这个道理，人们的纳税人意识才会觉醒；而纳税人意识，正是享受公共服务、监督国家公共权力必不可少的意识。因为公共服务和公共权力都是以纳税人的税金为财力基础的，只有充分意识到自己是纳税人，才能够理直气壮地行使纳税人的权利。

【实训操作】

（1）《中国青年报》2005 年 2 月 24 日题为《农业税取消后农民仍然是纳税人》的文章存在什么问题？

（2）《羊城晚报》题为《广东今年起免征农业税农民已没有任何税赋负担》的报道存在什么问题？

【总结和体会】

【教师评价】

四、起征点的概念

【实训目的】

明确起征点和免征额的区别，把握存在起征点的税种的计算方法。

【知识链接】

起征点是课税对象开始征税的起点，未达到起征点的不征税，达到或者超过起征点的，对其全额征税。免征额是课税对象中免于征税的数额，对纳税人获得的收入纳税时，可依所获得的收入减去免征额后的余额计算应纳税额。

【实训资料】

资料一：资料来源于新浪网（http://www.sina.com.cn）2009 年 3 月 11 日转载《东方早报》的文章。

日前，财政部副部长廖晓军接受媒体采访时的一句"目前我国尚无个人所得税起征点调整计划"引起代表、委员一片哗然。昨天上午，廖晓军在参加全国政协十一届二次会议召开的第二次提案办理协商会上对此解释说："这是误会。"他说，"有关个人所得税起征点暂不上调"的报道是媒体误解，个人所得税改革并非仅是一个起征点就可以解决的。

廖晓军说，他本人并未说过个人所得税起征点暂不上调的话。"当时，有记者问我个税分类改革和起征点两个问题，我回答说个税分类改革是个好方案，但现在条件不具备，暂不试行。"他还表示，个人所得税起征点是否调整，将会征求代表、委员和百姓的意见，并召开听证会。不过他认为，单纯上调起征点，相对而言，高收入阶层更受益，因为起征点上调后，这部分人群降低了一个纳税档次，低收入阶层受益幅度反而不如高收入人群大。低收入群体只会减少几十元税款，而高收入群体减少的税费将大大提高。

他认为，个人所得税改革并不只是一个起征点能解决的。对于个人所得税分类改革，廖晓军表示，不同社会人群，其收入支出情况有很大不同，应当进行研究，个人所得税上有所区分。"其改革的意义远大于单纯的起征点调整。"

资料二：资料来源于新浪网（http：//www. sina. com. cn）2009 年 3 月 22 日转载《济南日报》的文章。

"中国社会科学院一直在努力阻止个人所得税起征点的提高。"针对社会普遍关注的个人所得税起征点的提高问题，在中国人民大学 3 月 20 日举办的 2009 年中国宏观经济论坛上，中国社科院财贸所副所长高培勇语出惊人，并给出了他的理由。

高培勇认为，通过提高个人所得税起征点来刺激内需的说法不成立。据高介绍，目前全国 4000 万名个人所得税纳税人中，工薪者占 30%，所占比例不高，在这种情况下提高起征点，并不能有效扩大内需。

高培勇指出，中国在 2003 年之后就确定了一个要综合与分类相结合的个人所得税的改革方向，如果现在焦点全部集中在提高起征点的问题上，相当于对未来的改革埋下"祸根"。

【实训操作】

上述资料中讨论的起征点的对象均为个人所得税中工资薪金项目在计算个人所得税时允许扣除的费用标准。我国自 1980 年开始征收个人所得税以来，1980 年到 2005 年，每月扣除标准费用 800 元，附加费用 3200 元；2006 年 1 月起每月扣除标准费用 1600 元，附加费用 3200 元；2008 年 3 月起每月扣除标准费用 2000 元，附加费用 2800 元；自 2011 年 9 月 1 日起执行 3500 元费用扣除标准。

【总结和体会】

【教师评价】

五、税率的运用

【实训目的】

理解累进税率的计算方法。

【知识链接】

累进税率是随税基的增加而按其级距提高的税率，是税率的一种类型。

累进税率是把征税对象的数额划分等级再规定不同等级的税率。征税对象数额越大的等级，税率越高。采用累进税率时，表现为税额增长速度大于征税对象数量的增长速度。它有利于调节纳税人的收入和财富。累进税率通常多用于所得税和财产税。

累进税率的特点是税基越大，税率越高，税负呈累进趋势。在财政方面，它使税收收入的增长快于经济的增长，具有更大的弹性；在经济方面，有利于自动地调节社会总需求的规模，保持经济的相对稳定，被人们称为"自动稳定器"；在贯彻社会政策方面，它使负担能力大者多负税，负担能力小者少负税，符合公平原则。但在税基不代表纳税能力时，不能适用累进税率。以全额累进税率与超额累进税率比较，前者累进程度急剧，计算简便，但在累进级距的交界处，存在增加的税额超过税基的不合理现象，后者累进程度较缓和，不发生累进级距交界处的税负不合理问题，因此为各国所采用。

累进税率按照累进依据，分为额累、率累、倍累；按照累进方法，分为全额（率、倍）累进税率和超额（率、倍）累进税率。

全额累进税率简称全累税率，即征税对象的全部数量都按其相应等级的累进税率计算征税。金额累进税率实际上是按照征税对象数额大小、分等级规定的一种差别比例税率，它的名义税率与实际税率一般相等。

全额累进税率在调节收入方面，较之比例税率要合理。但是采用全额累进税率，在两个级距的临界部位会出现税负增加不合理的情况。例如，甲月收入1000元，适用税率5%。乙月收入1001元，适用税率10%。甲应纳税额为50元，乙应纳税额为100.1元。虽然乙取得的收入只比甲多1元，而要比甲多纳税50.1元，税负极不合理。这个问题，要用超额累进税率来解决。

超额累进税率简称超累税率，是把征税对象的数额划分为若干等级，对每个等级部分的数额分别规定相应税率，分别计算税额，各级税额之和为应纳税额。超累税率的"超"字，是指征税对象数额超过某一等级时，仅就超过部分按高一级税率计算征税。

【实训资料】

某纳税人某纳税期获得应税收入 10000 元。税法规定税率如表 1-1 所示。

表 1-1

级差	级 距	税率（%）	速算扣除数（元）
1	1000 元以下（含）	5	0
2	1000 元以上至 5000 元（含）	10	50
3	5000 元以上至 10000 元（含）	15	300
4	10000 元以上	20	800

请分别按全额累进和超额累进的方法计算该纳税人的应纳税额。

【实训操作】

全额累进税率，即征税对象的全部数额都按其相应等级的累进税率计算征收。

应纳税额＝应税所得额×适用税率

超额累进税率是把征税对象划分为若干等级，对每个等级部分分别规定相应税率，分别计算税额，各级税额之和为应纳税额。

应纳税额＝应税所得额×适用税率－速算扣除数

【总结和体会】

【教师评价】

六、税收法律责任

【实训目的】

明确税收法律责任的主体和形式及其影响。

【知识链接】

所谓税收法律责任，是指税收法律关系的主体因违反税收法律规范所应承担的法律后果。税收法律责任依其性质和形式的不同，可分为经济责任、行政责任和刑事责任；依承担法律责任主体的不同，可分为纳税人的责任、扣缴义务人的责任、税务机关及其工作人员的责任。

明确规定税收法律责任，不仅有利于维护正常的税收征纳秩序，确保国家的税收收入及时足额入库，而且有利于增强税法的威慑力，为预防和打击税收违法犯罪行为提供有力的法律武器，也有利于维护纳税人的合法权益。

所谓税收法律责任的形式，是指纳税人因不履行或不完全履行税法规定的义务所应承担的法律后果的类型。根据现行规定，税收法律责任的形式主要有三种：经济责任、行政责任和刑事责任。

（一）经济责任

所谓经济责任，是指对违反税法的人在强制其补偿国家经济损失的基础上给予的经济制裁。追究经济责任的形式主要有两种：罚款和加收滞纳金。

（二）行政责任

所谓行政责任，是指对违反税法的人，由税务机关或由税务机关提请有关部门依照行政程序所给予的一种税务行政制裁。行政责任的追究一般以税务违法行为发生为前提，这种税务违法行为不一定造成直接的经济损失。对违反税法的当事人追究行政责任，通常是在运用经济制裁还不足以消除其违法行为的社会危害性的情况下采取的。追究行政责任的方式具体有以下两种：行政处罚和行政处分。

（三）刑事责任

所谓刑事责任，是指对违反税法行为情节严重，已构成犯罪的当事人或直接责任人所给予的刑事制裁。追究刑事责任以税务违法行为情节严重、构成犯罪为前提。经济责任和行政责任通常是由税务机关依法追究的，而刑事责任则是由司法机关追究。刑事责任是税收法律责任中最严厉的一种制裁措施。

【实训资料】

资料一：明星偷税案。

毛阿敏自 1994 年 1 月至 1996 年 3 月，在我国 13 个省 109 场的演出中，共获取收入 471.11 万元。在已完成调查工作并确认有违法行为的 65 场中，少缴税款 106.08 万元，其中毛阿敏与 8 个扣缴义务人（即支付报酬的单位或个人，此案中为演出主办或承办单位，法律规定其有代扣代缴税款的义务）共同偷税 27.11 万元；19 个扣缴义务人偷税 54.91 万元；6 个扣缴义务人不扣或少扣毛阿敏应纳税款 24.06 万元。

依据《中华人民共和国税收征收管理法》，税务机关于 1998 年 9 月分别向毛阿敏及其扣缴义务人下达了行政处理决定书和行政处罚告知书。

税务机关决定，在毛阿敏偷税案中构成毛阿敏与扣缴义务人共同偷税的，对纳税人毛阿敏处以所偷税款3倍的罚款，向扣缴义务人追缴其所偷税款，加收滞纳金，并处以所偷税款1倍的罚款。

根据有关法律，对毛阿敏及其涉案人员的偷税行为，涉嫌构成偷税罪的，已由税务机关移送司法机关。

北京晓庆文化艺术有限责任公司作为纳税义务人，于1996～2001年，违反税收征管规定，偷逃各种税款共计人民币6679069.6元。被告人靖军于1996年9月至2001年在被告单位任总经理的职务，主管财务工作，对任职期间单位实施的偷税行为负有直接责任。

作为代扣代缴义务人，北京晓庆文化艺术有限责任公司在1997年、1998年、2000年拍摄电视连续剧《逃之恋》和《皇嫂田桂花》过程中，将已代扣的演职人员个人所得税共计人民币418574.43元隐瞒，不予代为缴纳。

2002年7月24日，北京晓庆公司法定代表人刘晓庆因涉嫌偷税漏税，经北京市人民检察院第二分院批准被依法逮捕。北京市朝阳区人民法院对北京晓庆文化艺术有限责任公司偷税案作出一审判决，以偷税罪判处北京晓庆文化艺术有限责任公司罚金人民币710万元，以偷税罪判处被告人靖军有期徒刑3年（资料来源：http：//www. sogou. com/明星偷税案）。

资料二：原东星航空负责人兰世立获刑4年。

2006年5月至2009年2月，东星航空公司一直欠缴税费，黄陂区地税局天河税务所依法对其先后多次下达《限期缴纳税款通知书》。但东星航空公司均以资金困难为由，拒不缴纳。

黄陂区地税局提请该区法院强制执行，区法院裁定东星航空公司欠缴税款3800多万元，但东星航空公司仍未按要求缴纳所欠税款。

东星航空公司实际控制人、董事兰世立，在明知相关部门多次催缴欠税的情况下，仍采取隐匿、转移经营收入的方式逃避追缴欠税，指使手下相关人员将5亿余元营业收入予以转移、隐匿，造成税务机关无法追缴其所欠缴的税款共计5000多万元。法院一审判处兰世立有期徒刑4年（资料来源：http：//www. sina. com. cn，2010年4月11日）。

资料三：触目惊心的全国第一大税案——金华县虚开增值税专用发票案。

从1995年3月至1997年3月，金华县共有218户企业参与虚开增值税专用发票，开出增值税专用发票 65536 份，价税合计 63.1 亿元，直接涉及虚开增值税专用发票的犯罪分子 154 人，党政干部、税务干部 24 人。案件涉及全国 36 个省、直辖市、自治区和计划单列市的 3030 个县、市的 28511 户企业。

1998 年 11 月 4 日，中共中央纪律检查委员会在北京召开新闻发布会，通报了国家税务总局、浙江省委、省政府、省纪委等有关部门严肃查处的浙江省金华县虚开增值税专用发票案。案件处理结果：

虚开增值税专用发票数额巨大的犯罪分子胡银峰、吴跃冬、吕化明被一审判处死刑。

涉及此案的金华市原市委常委、宣传部长叶国梁，金华县原县委书记王新根，金华县原县委常委、宣传部长周建平，县财税局原局长王金余，县财税局党组成员、国税局原局长虞新法，副局长吴樟贤，县检察院税检室原副主任戴利明，县财税局稽查大队原大队长杨尚荣等分别受到开除党籍、开除公职的处分。原副县长朱日辉受到开除党籍、行政撤职的处分。

叶国梁因受贿罪被一审判处有期徒刑 15 年；王新根因玩忽职守罪被一审判处有期徒刑 3 年；周建平因行贿罪、玩忽职守罪判处有期徒刑 3 年 6 个月；王金余、虞新法、吴樟贤、戴利明等分别被判处有期徒刑；杨尚荣被一审判处死刑（资料来源：http：//www.sina.com.cn 触目惊心的全国第一大税案——金华县虚开增值税专用发票案）。

资料四：宝日公司偷抗税案。

宝日公司是 1987 年 8 月 30 日经由广东省对外经济贸易委员会批准，同年 10 月 10 日由工商行政部门核发营业证，在中国深圳宝安设立的中外合作经营企业，具有中国企业法人资格。该公司的中外合作方分别为中方的宝安县县城建设发展总公司（后更名为深圳宝恒集团股份有限公司）和外方的日本安乐开发株式会社。合作公司的经营范围是兴建一个 18 洞 72 杆具有国际水准的高尔夫球场及球场的配套设施（包括会员休息室、酒店、餐厅）。

宝日公司于 1992 年 6 月 13 日开始正式营业。但从 1987 年 9 月起，宝日公司就已订立招收会员的会则，并随后开始发展会员和收取会员费。据深圳市地税局稽查分局从宝日公司会员打球时的计算机刷卡记录资料中查出：从 1988 年 2 月至 1996 年 4 月 10 日，宝日公司发展会员共 3343 人，会员费收入 112.8 亿日元，0.8 亿港元，按案件终结当日国家外汇牌价计算，折合人民币 9.77 亿元。

1993 年 2 月 22 日，原宝安县税务局直属分局在对宝日公司进行税务检查时，发现该公司财务账册上没有反映发展会员收取的会员费收入，也没有申报纳税，于是给宝日公司发出《关于会员费应作合作公司收入的通知》，并限定宝日公司于 1993 年 3 月底前向税务机关报送发展会员及收取会员费的资料。但宝日公司既没有提供资料，也没申报纳税。

1995 年 8 月 15 日，深圳市地税局稽查分局（以下简称稽查分局）正式对宝日公司立案查处。

1995 年 9 月 26 日，稽查分局发函要求宝日公司提供有关发展会员收取会员费的纳税资料。对此，宝日公司董事总经理小林正和在复函中称："宝日公司收取境外会员费为日方单方面行为，而且中方没有干预，公司没有为此付出代价，境外会员费收入不应作为公司营业收入纳税"，并要求税务机关提供其需纳税的法律依据。以此为由，拒不提供纳税资料。最后，税务局采取强制扣款、查封部分财产并拍卖（汽车、土地等），追缴税款 7062 万元，罚款 2468 万元，滞纳金 5252 万元（资料来源：《活深圳——查处"宝日税案"震动海内外》，《当年今日》，《深圳特区报》2010 年 1 月 8 日）。

【实训操作】

（1）违反税法的主体，除纳税人外，还有哪些人？

（2）纳税人违反税法，应承担的责任主要有哪些？

【总结和体会】

【教师评价】

第二章　增值税纳税实训

一、一般纳税人纳税实训

【实训目的】

（1）练习增值税应纳税额的计算。

（2）练习增值税涉税会计核算，并编制相关的会计分录。

（3）练习增值税的申报缴纳。

【知识链接】

《增值税纳税申报表》（适用于增值税一般纳税人）填表说明：

本申报表适用于增值税一般纳税人填报。增值税一般纳税人销售按简易办法缴纳增值税的货物，也使用本表。

（一）本表"税款所属时间"是指纳税人申报的增值税应纳税额的所属时间，应填写具体的起止年、月、日。

（二）本表"填表日期"指纳税人填写本表的具体日期。

（三）本表"纳税人识别号"栏，填写税务机关为纳税人确定的识别号，即税务登记证号码。

（四）本表"所属行业"栏，按照国民经济行业分类与代码中的最细项（小类）进行填写（国民经济行业分类与代码附后）。

（五）本表"纳税人名称"栏，填写纳税人单位名称全称，不得填写简称。

（六）本表"法定代表人姓名"栏，填写纳税人法定代表人的姓名。

（七）本表"注册地址"栏，填写纳税人税务登记证所注明的详细地址。

（八）本表"营业地址"栏，填写纳税人营业地的详细地址。

（九）本表"开户银行及账号"栏，填写纳税人开户银行的名称和纳税人在该银行的结算账户号码。

（十）本表"企业登记注册类型"栏，按税务登记证填写。

（十一）本表"电话号码"栏，填写纳税人注册地和经营地的电话号码。

（十二）本表中"一般货物及劳务"是指享受即征即退的货物及劳务以外的其他货物及劳务。

（十三）本表中"即征即退货物及劳务"是指纳税人按照税法规定享受即征即退税收优惠政策的货物及劳务。

（十四）本表第1项"（一）按适用税率征税货物及劳务销售额"栏数据，填写纳税人本期按适用税率缴纳增值税的应税货物和应税劳务的销售额（销货退回的销售额用负数表示）。包括在财务上不作销售但按税法规定应缴纳增值税的视同销售货物和价外费用销售额，外贸企业作价销售进料加工复出口的货物，税务、财政、审计部门检查按适用税率计算调整的销售额。"一般货物及劳务"的"本月数"栏数据与"即征即退货物及劳务"的"本月数"栏数据之和，应等于《附表二》第7栏的"小计"中的"销售额"数。"本年累计"栏数据，应为年度内各月数之和。

（十五）本表第2项"应税货物销售额"栏数据，填写纳税人本期按适用税率缴纳增值税的应税货物的销售额（销货退回的销售额用负数表示）。包括在财务上不作销售但按税法规定应缴纳增值税的视同销售货物和价外费用销售额，以及外贸企业作价销售进料加工复出口的货物。"一般货物及劳务"的"本月数"栏数据与"即征即退货物及劳务"的"本月数"栏数据之和，应等于《附表二》第5栏的"应税货物"中17%税率"销售额"与13%税率"销售额"的合计数。"本年累计"栏数据，应为年度内各月数之和。

（十六）本表第3项"应税劳务销售额"栏数据，填写纳税人本期按适用税率缴纳增值税的应税劳务的销售额。"一般货物及劳务"的"本月数"栏数据与"即征即退货物及劳务"的"本月数"栏数据之和，应等于《附表一》第5栏的"应税劳务"中的"销售额"数。"本年累计"栏数据，应为年度内各月数之和。

（十七）本表第4项"纳税检查调整的销售额"栏数据，填写纳税人本期因税务、财政、审计部门检查并按适用税率计算调整的应税货物和应税劳务的销售额。但享受即征即退税收优惠政策的货物及劳务经税务稽查发现偷税的，不得填入"即征即退货物及劳务"部分，而应将本部分销售额在"一般货物及劳务"栏中反映。"一般货物及劳务"的"本月数"栏数据与"即征即退货物及劳务"的"本月数"栏数据之和，应等于《附表一》第6栏的"小计"中的"销售额"数。"本年累计"栏数据，应为年度内各月数之和。

（十八）本表第5项"按简易征收办法征税货物销售额"栏数据，填写纳税人本期按简易征收办法征收增值税货物的销售额（销货退回的销售额用负数表示）。包括税务、财政、审计部门检查并按简易征收办法计算调整的销售额。"一般货物及劳务"的"本月数"栏数据与"即征即退货物及劳务"的"本月数"栏数据之和，应等于《附表一》第14栏的"小计"中的"销售额"数。"本年累计"栏数据，应为年度内各月数之和。

（十九）本表第6项"其中：纳税检查调整的销售额"栏数据，填写纳税人本期因税务、财政、审计部门检查并按简易征收办法计算调整的销售额，但享受即征即退税收优惠政策的货物及劳务经税务稽查发现偷税的，不得填入"即征即退货物及劳务"部分，而应将本部分销售额在"一般货物及劳务"栏中反映。"一般货物及劳务"的"本月数"栏数据与"即征即退货物及劳务"的"本月数"栏数据之和，应等于《附表一》第13栏的"小计"中的"销售额"数。"本年累计"栏数据，应为年度内各月数之和。

（二十）本表第7项"免、抵、退办法出口货物销售额"栏数据，填写纳税人本期执行免、抵、退办法出口货物的销售额（销货退回的销售额用负数表示）。"本年累计"栏数据，应为年度内各月数之和。

（二十一）本表第8项"免税货物及劳务销售额"栏数据，填写纳税人本期按照税法规定直接免征增值税的货物及劳务的销售额（销货退回的销售额用负数表示），但不包括适用免、抵、退办法出口货物的销售额。"一般货物及劳务"的"本月数"栏数据，应等于《附表一》第18栏的"小计"中的"销售额"数。"本年累计"栏数据，应为年度内各月数之和。

（二十二）本表第9项"免税货物销售额"栏数据，填写纳税人本期按照税法规定直接免征增值税货物的销售额（销货退回的销售额用负数表示），但不包括适用免、抵、退办法出口货物的销售额。"一般货物及劳务"的"本月数"栏数据，应等于《附表一》第18栏的"免税货物"中的"销售额"数。"本年累计"栏数据，应为年度内各月数之和。

（二十三）本表第10项"免税劳务销售额"栏数据，填写纳税人本期按照税法规定直接免征增值税劳务的销售额及适用零税率劳务的销售额（销货退回的销售额用负数表示）。"一般货物及劳务"的"本月数"栏数据，应等于《附表一》第18栏的"免税劳务"中的"销售额"数。"本年累计"栏数据，应为年度内各月数之和。

（二十四）本表第11项"销项税额"栏数据，填写纳税人本期按适用税率计征的销项税额。该数据一般情况下应与"应交税费——应交增值税"明细科目贷方"销项税额"专栏本期发生数一致。"一般货物及劳务"的"本月数"栏数据与"即征即退货物及劳务"的"本月数"栏数据之和，应等于《附表一》第7栏的"小计"中的"销项税额"数。"本年累计"栏数据，应为年度内各月数之和。

（二十五）本表第12项"进项税额"栏数据，填写纳税人本期申报抵扣的进项税额。该数据一般情况下应与"应交税费——应交增值税"明细科目借方"进项税额"专栏本期发生数一致。"一般货物及劳务"的"本月数"栏数据与"即征即退货物及劳务"的"本月数"栏数据之和，应等于《附表二》第12栏中的"税额"数。"本年累计"栏数据，应为年度内各月数之和。

（二十六）本表第13项"上期留抵税额"栏数据，为纳税人前一申报期的"期末留抵税额"数，该数据应与"应交税费——应交增值税"明细科目借方月初余额一致。

（二十七）本表第14项"进项税额转出"栏数据，填写纳税人已经抵扣但按税法规定应作进项税转出的进项税额总数，但不包括销售折扣、折让，销货退回等应负数冲减当期进项税额的数额。该数据一般情况下应与"应交税费——应交增值税"明细科目贷方"进项税额转出"专栏本期发生数一致。"一般货物及劳务"的"本月数"栏数据与"即征即退货物及劳务"的"本月数"栏数据之和，应等于《附表二》第13栏中的"税额"数。"本年累计"栏数据，应为年度内各月数之和。

（二十八）本表第15项"免、抵、退货物应退税额"栏数据，填写退税机关按照出口货物免、抵、退办法审批的应退税额。"本年累计"栏数据，应为年度内各月数之和。

（二十九）本表第16项"按适用税率计算的纳税检查应补缴税额"栏数据，填写税务、财政、审计部门检查并按适用税率计算的纳税检查应补缴税额。"本年累计"栏数据，应为年度内各月数之和。

（三十）本表第17项"应抵扣税额合计"栏数据，填写纳税人本期应抵扣进项税额的合计数。

（三十一）本表第18项"实际抵扣税额"栏数据，填写纳税人本期实际抵扣的进项税额。"本年累计"栏数据，应为年度内各月数之和。

（三十二）本表第19项"应纳税额"栏数据，填写纳税人本期按适用税率计算并应缴纳的增值税额。"本年累计"栏数据，应为年度内各月数之和。

（三十三）本表第20项"期末留抵税额"栏数据，为纳税人在本期销项税额中尚未抵扣完，留待下期继续抵扣的进项税额。该数据应与"应交税费——应交增值税"明细科目借方月末余额一致。

（三十四）本表第21项"按简易征收办法计算的应纳税额"栏数据，填写纳税人本期按简易征收办法计算并应缴纳的增值税额，但不包括按简易征收办法计算的纳税检查应补缴税额。"一般货物及劳务"的"本月数"栏数据与"即征即退货物及劳务"的"本月数"栏数据之和，应等于《附表一》第12栏的"小计"中的"应纳税额"数。"本年累计"栏数据，应为年度内各月数之和。

（三十五）本表第22项"按简易征收办法计算的纳税检查应补缴税额"栏数据，填写纳税人本期因税务、财政、审计部门检查并按简易征收办法计算的纳税检查应补缴税额。"一般货物及劳务"的"本月数"栏数据与"即征即退货物及劳务"的"本月数"栏数据之和，应等于《附表一》第13栏的"小计"中的"应纳税额"数。"本年累计"栏数据，应为年度内各月数之和。

（三十六）本表第23项"应纳税额减征额"栏数据，填写纳税人本期按照税法规定减征的增值税应纳税额。"本年累计"栏数据，应为年度内各月数之和。

（三十七）本表第24项"应纳税额合计"栏数据，填写纳税人本期应缴增值税的合计数。"本年累计"栏数据，应为年度内各月数之和。

（三十八）本表第25项"期初未缴税额（多缴为负数）"栏数据，为纳税人前一申报期的"期末未缴税额（多缴为负数）"。

（三十九）本表第26项"实收出口开具专用缴款书退税额"栏数据，填写纳税人本期实际收到税务机关退回的，因开具《出口货物税收专用缴款书》而多缴的增值税款。该数据应根据"应交税费——未交增值税"明细科目贷方本期发生额中"收到税务机关退回的多缴增值税款"数据填列。"本年累计"栏数据，为年度内各月数之和。

（四十）本表第27项"本期已缴税额"栏数据，是指纳税人本期实际缴纳的增值税额，但不包括本期入库的查补税款。"本年累计"栏数据，为年度内各月数之和。

（四十一）本表第28项"①分次预缴税额"栏数据，填写纳税人本期分次预缴的增值税额。

（四十二）本表第29项"②出口开具专用缴款书预缴税额"栏数据，填写纳税人本期销售出口货物而开具专用缴款书向主管税务机关预缴的增值税额。

（四十三）本表第30项"③本期缴纳上期应纳税额"栏数据，填写纳税人本期上缴上期应缴未缴的增值税款，包括缴纳上期按简易征收办法计提的应缴未缴的增值税额。"本年累计"栏数据，为年度内各月数之和。

（四十四）本表第31项"④本期缴纳欠缴税额"栏数据，填写纳税人本期实际缴纳的增值税欠税额，但不包括缴纳入库的查补增值税额。"本年累计"栏数据，为年度内各月数之和。

（四十五）本表第32项"期末未缴税额（多缴为负数）"栏数据，为纳税人本期期末应缴未缴的增值税额，但不包括纳税检查应缴未缴的税额。"本年累计"栏与"本月数"栏数据相同。

（四十六）本表第33项"其中：欠缴税额（≥0）"栏数据，为纳税人按照税法规定已形成欠税的数额。

（四十七）本表第34项"本期应补（退）税额"栏数据，为纳税人本期应纳税额中应补缴或应退回的数额。

（四十八）本表第35项"即征即退实际退税额"栏数据，填写纳税人本期因符合增值税即征即退优惠政策规定，而实际收到的税务机关返还的增值税额。"本年累计"栏数据，为年度内各月数之和。

（四十九）本表第36项"期初未缴查补税额"栏数据，为纳税人前一申报期的"期末未缴查补税额"。该数据与本表第25项"期初未缴税额（多缴为负数）"栏数据之和，应与"应交税费——未交增值税"明细科目期初余额一致。"本年累计"栏数据应填写纳税人上年度末的"期末未缴查补税额"数。

（五十）本表第37项"本期入库查补税额"栏数据，填写纳税人本期因税务、财政、审计部门检查而实际入库的增值税款，包括：①按适用税率计算并实际缴纳的查补增值税款。②按简易征收办法计算并实际缴纳的查补增值税款。"本年累计"栏数据，为年度内各月数之和。

（五十一）本表第38项"期末未缴查补税额"栏数据，为纳税人纳税检查本期期末应缴未缴的增值税额。该数据与本表第32项"期末未缴税额（多缴为负数）"栏数据之和，应与"应交税费——未交增值税"明细科目期末余额一致。"本年累计"栏与"本月数"栏数据相同。

【实训资料一】

一、模拟企业概况

企业名称：宏远进出口贸易公司

企业性质：股份公司

企业法人代表：张三

企业地址：武汉市洪山区楚雄大道606号

单位电话：027-87181839

税务登记号：420100298211333

开户银行及账号：中国工商银行楚雄支行　456789-1

办税人员：李四

二、实训操作资料

（1）宏远进出口贸易公司2010年10月使用防伪税控系统开具增值税专用发票6份，其中：

适用17%的应税货物的专用发票1份，销售额10000元，销项税额1700元。

适用13%的应税货物的专用发票2份，销售额20000元，销项税额2600元。

提供应税劳务开具专用发票3份，销售额30000元，销项税额5100元。

（2）使用防伪税控系统开具按简易征收方法征收增值税适用税率为4%的应税货物的专用发票5份，销售额为75000元，应纳税额3000元。

（3）抵扣认证相符的防伪税控增值税专用发票8份，金额160000元，税额27200元，其中：

10月当月认证相符且本期申报抵扣防伪税控增值税专用发票7份，金额70000元，税额11900元。

本期已认证相符但未申报抵扣的专用发票1份，金额90000元，税额15300元。

（4）取得扣除率为10%的其他扣税凭证8份，金额80000元，税额8000元。

（5）公司上期留抵税额10000元，期初超缴10000元，当期实收出口开具专用缴款书退税额5000元，本期出口开具专用缴款书预缴税额1000元。

【实训操作】

（1）计算宏远公司2010年10月应纳的增值税税额。

（2）做相应的会计处理。

（3）填写《增值税纳税申报表》。

实训表1　　　　　　　　**增值税纳税申报表**

（适用于增值税一般纳税人）

根据《中华人民共和国增值税暂行条例》第二十二条和第二十三条的规定制定本表。纳税人不论有无销售额，均应按主管税务机关核定的纳税期限填报本表，并于次月一日起十日内，向当地税务机关申报。

税款所属时间：自　年　月　日至　年　月　日　　　　填表日期：　年　月　日

金额单位：元（列至角分）

纳税人识别号											所属行业	
纳税人名称	（公章）	法定代表人姓名		注册地址			营业地址					
开户银行及账号				企业登记注册类型				电话号码				

项 目		栏次	一般货物及劳务		即征即退货物及劳务	
			本月数	本年累计	本月数	本年累计
销售额	（一）按适用税率征税货物及劳务销售额	1				
	其中：应税货物销售额	2				
	应税劳务销售额	3				
	纳税检查调整的销售额	4				
	（二）按简易征收办法征税货物销售额	5				
	其中：纳税检查调整的销售额	6				
	（三）免、抵、退办法出口货物销售额	7				
	（四）免税货物及劳务销售额	8				
	其中：免税货物销售额	9				
	免税劳务销售额	10				
税款计算	销项税额	11				
	进项税额	12				
	上期留抵税额	13				
	进项税额转出	14				
	免、抵、退货物应退税额	15				
	按适用税率计算的纳税检查应补缴税额	16				
	应抵扣税额合计	17=12+13-14-15+16				
	实际抵扣税额	18（如17<11，则为17，否则为11）				

续表

项　　目	栏次	一般货物及劳务		即征即退货物及劳务	
		本月数	本年累计	本月数	本年累计
税款计算 应纳税额	19=11-18				
期末留抵税额	20=17-18				
按简易征收办法计算的应纳税额	21				
按简易征收办法计算的纳税检查应补缴税额	22				
应纳税额减征额	23				
应纳税额合计	24=19+21-23				
税款缴纳 期初未缴税额（多缴为负数）	25				
实收出口开具专用缴款书退税额	26				
本期已缴税额	27=28+29+30+31				
①分次预缴税额	28				
②出口开具专用缴款书预缴税额	29				
③本期缴纳上期应纳税额	30				
④本期缴纳欠缴税额	31				
期末未缴税额（多缴为负数）	32=24+25+26-27				
其中：欠缴税额（≥0）	33=25+26-27				
本期应补（退）税额	34=24-28-29				
即征即退实际退税额	35				
期初未缴查补税额	36				
本期入库查补税额	37				
期末未缴查补税额	38=16+22+36-37				

授权声明	如果你已委托代理人申报，请填写下列资料： 　　为代理一切税务事宜，现授权 　　（地址）为本纳税人的代理申报人，任何与本申报表有关的往来文件，都可寄予此人。 　　　　　　　　授权人签字：	申报人声明	此纳税申报表是根据《中华人民共和国增值税暂行条例》的规定填报的，我相信它是真实的、可靠的、完整的。 　　　　　　　　　　声明人签字：

以下由税务机关填写

收到日期：　　　　　　　　　　　　　　　　　　　　　接收人（签章）：

主管税务机关（盖章）：

【相关提示】

（1）认证相符但未申报抵扣的当期进项税额不得计入可抵扣的进项税额。

（2）开具出口专用缴款书须预缴税额。

【总结和体会】

【教师评价】

【实训资料二】

一、模拟企业概况

企业名称：武汉春秋服装有限公司

企业性质：私营企业

企业法人代表：陈序

企业地址：武汉市洪山区楚雄大道 601 号

单位电话：027-87181839

税务登记号：420200298211322

开户银行及账号：中国工商银行楚雄支行　478256-1

办税人员：张三

二、实训操作资料

该公司为增值税一般纳税人，主要生产销售成品服装。增值税税率为 17%，按月缴纳增值税；包装物单独核算；材料采用实际成本法进行日常核算。

2009 年 11 月发生如下业务：

（1）11 月 1 日，向青山化工厂购进布料价款 30000 元，增值税专用发票注明增值税 5100 元，款项用银行存款支付。

（2）11 月 4 日，向红旗塑胶有限公司购进塑料袋 50000 个，增值税专用发票上注明价款 15000 元，税额 2550 元，款项未付。

（3）11 月 7 日，向武汉商场销售成衣 1200 件，不含税售价为 240000 元，款未收。

（4）11 月 10 日，收到从长沙纽扣厂购进的各式纽扣 100 袋，不含税单价为 3000 元/袋，取得增值税专用发票，货款上月已支付。

（5）11 月 11 日，用银行存款支付上述纽扣运费 5000 元，取得运输发票。

（6）11 月 12 日，对公司的制造设备进行维修，维修费 6000 元，取得普通发票，款项用现金支付。

（7）11月17日，销售给暖意内衣厂内衣10000件，价款合计362700元，款项用银行存款收讫。

（8）11月19日，从武汉煤炭站购进煤炭100吨，价税合计117000元，取得增值税专用发票，款项用银行存款支付。

（9）11月20日，向汉正街批发市场销售各式成衣9000件，价税合计368550元，款项未收。

（10）11月25日，收到银行托收后转来的供电公司的增值税专用发票，价款合计36270元，该电力20%用于办公，80%用于生产。

（11）11月27日，收到银行托收后转来的自来水公司的增值税专用发票，价款合计12720元，其中20%用于办公，80%用于生产。

（12）11月28日，向武汉机械有限公司购买立体剪裁机一台，价款合计58500元，款项用银行存款支付。

（13）11月29日，向各大超市销售各类成衣10000件，价税合计1170000元，款项已收。

（14）11月30日，对仓库盘点时发现，因仓库漏雨，染料被淋湿，损失大约1吨（不含税成本每吨2000元左右），责任暂未查明。

【实训操作】

（1）计算武汉春秋服装有限公司2009年11月应纳的增值税税额。

（2）做相应的会计处理。

（3）填写《增值税纳税申报表》。

实训表1　　　　　　　　　**记账凭证**　　　　　　总号

年　月　日　　　　　　　记　字第　　号

摘要	总账科目	明细科目	借方金额										贷方金额										√	单据
			亿	仟	百	十	万	千	百	十	元	角	分	亿	仟	百	十	万	千	百	十	元	角	分	
																									张
																									附件
合　　计																									张

会计主管：　　　　　记账：　　　　　审核：　　　　　填证：

实训表 2　　　　　　　　　　**记账凭证**　　　　　　　　　总号

年　月　日　　　　　　　　记　字第　　号

摘要	总账科目	明细科目	借方金额										贷方金额										√
			亿	仟	百	十	万	千	百	十	元	角	分	亿	仟	百	十	万	千	百	十	元	角	分	
合　计																							

会计主管：　　　　　记账：　　　　　审核：　　　　　填证：

单据　张　附件　张

实训表 3　　　　　　　　　　**记账凭证**　　　　　　　　　总号

年　月　日　　　　　　　　记　字第　　号

摘要	总账科目	明细科目	借方金额										贷方金额										√
			亿	仟	百	十	万	千	百	十	元	角	分	亿	仟	百	十	万	千	百	十	元	角	分	
合　计																							

会计主管：　　　　　记账：　　　　　审核：　　　　　填证：

单据　张　附件　张

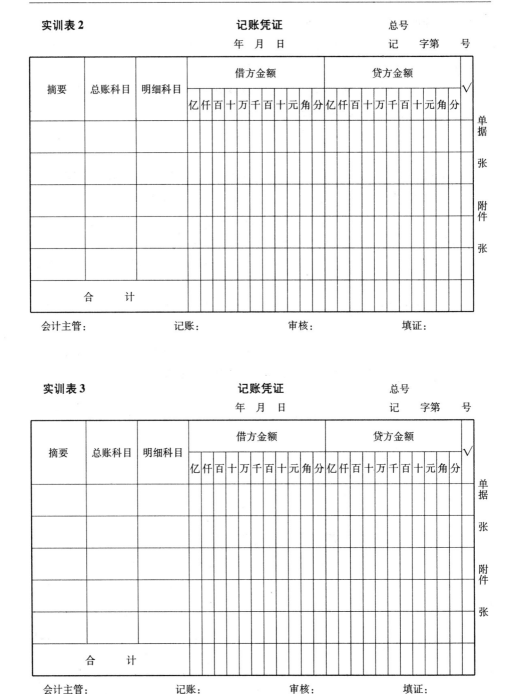

实训表 4

记账凭证

年 月 日

总号

记 字第 号

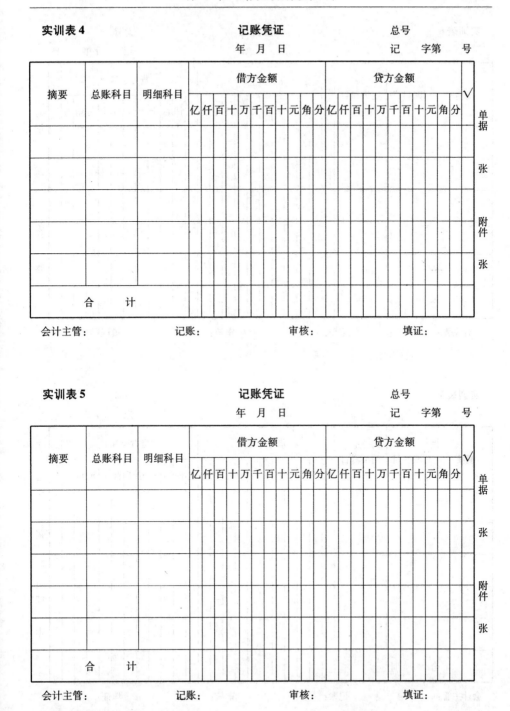

摘要	总账科目	明细科目	借方金额										贷方金额										√	
			亿	仟	百	十	万	千	百	十	元	角	分	亿	仟	百	十	万	千	百	十	元	角	分
合 计																								

会计主管：　　　　　记账：　　　　　审核：　　　　　填证：

实训表 5

记账凭证

年 月 日

总号

记 字第 号

摘要	总账科目	明细科目	借方金额										贷方金额										√	
			亿	仟	百	十	万	千	百	十	元	角	分	亿	仟	百	十	万	千	百	十	元	角	分
合 计																								

会计主管：　　　　　记账：　　　　　审核：　　　　　填证：

实训表6

记账凭证 总号

年 月 日 记 字第 号

摘要	总账科目	明细科目	借方金额											贷方金额											√
			亿	仟	百	十	万	千	百	十	元	角	分	亿	仟	百	十	万	千	百	十	元	角	分	
合 计																									

单据 张 附件 张

会计主管： 记账： 审核： 填证：

实训表7

记账凭证 总号

年 月 日 记 字第 号

摘要	总账科目	明细科目	借方金额											贷方金额											√
			亿	仟	百	十	万	千	百	十	元	角	分	亿	仟	百	十	万	千	百	十	元	角	分	
合 计																									

单据 张 附件 张

会计主管： 记账： 审核： 填证：

实训表 8

记账凭证   总号

年 月 日   记 字第 号

摘要	总账科目	明细科目	借方金额										贷方金额										√
			亿	仟	百	十	万	千	百	十	元	角	分	亿	仟	百	十	万	千	百	十	元	角	分
合 计																							

单据 张 附件 张

会计主管：   记账：   审核：   填证：

实训表 9

记账凭证   总号

年 月 日   记 字第 号

摘要	总账科目	明细科目	借方金额										贷方金额										√
			亿	仟	百	十	万	千	百	十	元	角	分	亿	仟	百	十	万	千	百	十	元	角	分
合 计																							

单据 张 附件 张

会计主管：   记账：   审核：   填证：

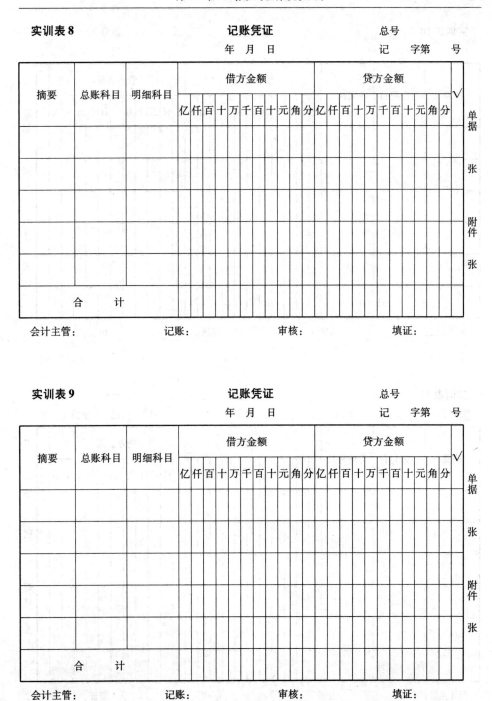

实训表 10

记账凭证　　　　总号

年　月　日　　　　　记　字第　号

摘要	总账科目	明细科目	借方金额											贷方金额											√
			亿	仟	百	十	万	千	百	十	元	角	分	亿	仟	百	十	万	千	百	十	元	角	分	
合　计																									

单据　　张　　附件　　张

会计主管：　　　　　记账：　　　　　审核：　　　　　填证：

实训表 11

记账凭证　　　　总号

年　月　日　　　　　记　字第　号

摘要	总账科目	明细科目	借方金额											贷方金额											√
			亿	仟	百	十	万	千	百	十	元	角	分	亿	仟	百	十	万	千	百	十	元	角	分	
合　计																									

单据　　张　　附件　　张

会计主管：　　　　　记账：　　　　　审核：　　　　　填证：

实训表 12　　　　　　　　　　　　　记账凭证　　　　　　　　总号

年　月　日　　　　　　　　记　字第　号

摘要	总账科目	明细科目	借方金额										贷方金额										√
			亿	仟	百	十	万	千	百	十	元	角	分	亿	仟	百	十	万	千	百	十	元	角	分
合　　计																								

单据　张　附件　张

会计主管：　　　　　　　记账：　　　　　　审核：　　　　　　填证：

实训表 13　　　　　　　　　　　　　记账凭证　　　　　　　　总号

年　月　日　　　　　　　　记　字第　号

摘要	总账科目	明细科目	借方金额										贷方金额										√
			亿	仟	百	十	万	千	百	十	元	角	分	亿	仟	百	十	万	千	百	十	元	角	分
合　　计																								

单据　张　附件　张

会计主管：　　　　　　　记账：　　　　　　审核：　　　　　　填证：

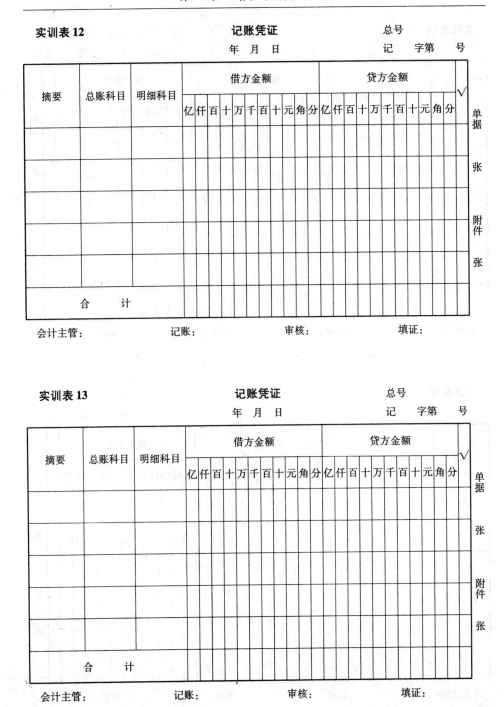

实训表 14

记账凭证　　　　　总号
年　月　日　　　　　记　字第　号

摘要	总账科目	明细科目	借方金额										贷方金额										√
			亿	仟	百	十	万	千	百	十	元	角	分	亿	仟	百	十	万	千	百	十	元	角	分
合　计																								

单据　张　附件　张

会计主管：　　　记账：　　　审核：　　　填证：

实训表 15

记账凭证　　　　　总号
年　月　日　　　　　记　字第　号

摘要	总账科目	明细科目	借方金额										贷方金额										√
			亿	仟	百	十	万	千	百	十	元	角	分	亿	仟	百	十	万	千	百	十	元	角	分
合　计																								

单据　张　附件　张

会计主管：　　　记账：　　　审核：　　　填证：

实训表 16　　　　　　　　　　**增值税纳税申报表**

（适用于增值税一般纳税人）

根据《中华人民共和国增值税暂行条例》第二十二条和第二十三条的规定制定本表。纳税人不论有无销售额，均应按主管税务机关核定的纳税期限填报本表，并于次月一日起十日内，向当地税务机关申报。

税款所属时间：自　年　月　日至　年　月　日　　　　　填表日期：　年　月　日

金额单位：元（列至角分）

纳税人识别号											所属行业			

纳税人名称	（公章）	法定代表人姓名		注册地址		营业地址	

开户银行及账号		企业登记注册类型		电话号码	

项　目		栏次	一般货物及劳务		即征即退货物及劳务	
			本月数	本年累计	本月数	本年累计
销售额	（一）按适用税率征税货物及劳务销售额	1				
	其中：应税货物销售额	2				
	应税劳务销售额	3				
	纳税检查调整的销售额	4				
	（二）按简易征收办法征税货物销售额	5				
	其中：纳税检查调整的销售额	6				
	（三）免、抵、退办法出口货物销售额	7				
	（四）免税货物及劳务销售额	8				
	其中：免税货物销售额	9				
	免税劳务销售额	10				
税款计算	销项税额	11				
	进项税额	12				
	上期留抵税额	13				
	进项税额转出	14				
	免、抵、退货物应退税额	15				
	按适用税率计算的纳税检查应补缴税额	16				
	应抵扣税额合计	17=12+13−14−15+16				
	实际抵扣税额	18（如17<11，则为17，否则为11）				

续表

项　目	栏次	一般货物及劳务		即征即退货物及劳务	
		本月数	本年累计	本月数	本年累计
税款计算 应纳税额	19＝11－18				
期末留抵税额	20＝17－18				
按简易征收办法计算的应纳税额	21				
按简易征收办法计算的纳税检查应补缴税额	22				
应纳税额减征额	23				
应纳税额合计	24＝19+21－23				
税款缴纳 期初未缴税额（多缴为负数）	25				
实收出口开具专用缴款书退税额	26				
本期已缴税额	27＝28+29+30+31				
①分次预缴税额	28				
②出口开具专用缴款书预缴税额	29				
③本期缴纳上期应纳税额	30				
④本期缴纳欠缴税额	31				
期末未缴税额（多缴为负数）	32＝24+25+26－27				
其中：欠缴税额（≥0）	33＝25+26－27				
本期应补（退）税额	34＝24－28－29				
即征即退实际退税额	35				
期初未缴查补税额	36				
本期入库查补税额	37				
期末未缴查补税额	38＝16+22+36－37				

授权声明	如果你已委托代理人申报，请填写下列资料： 为代理一切税务事宜，现授权 （地址）为本纳税人的代理申报人，任何与本申报表有关的往来文件，都可寄予此人。 授权人签字：	申报人声明	此纳税申报表是根据《中华人民共和国增值税暂行条例》的规定填报的，我相信它是真实的、可靠的、完整的。 声明人签字：

以下由税务机关填写

收到日期：　　　　　　　　　　　　　　　接收人（签章）：

主管税务机关（盖章）：

【相关提示】

（1）原材料、低值易耗品的采购处理，销售产品，发生运费及分摊费用的处理。

（2）购进生产用固定资产允许抵扣进项税。

（3）材料发生非正常损失应作进项税额转出处理。

【总结和体会】

【教师评价】

【实训资料三】

一、模拟企业概况

企业名称：武汉华鸿实业有限责任公司

企业性质：有限责任公司

企业法人代表：张三

企业地址：武汉市紫阳路 123 号

单位电话：81234567

开户银行及账号：中国工商银行紫阳路分行　01810212

税务登记号：42064569854444444001

二、实训操作资料

该公司执行《企业会计制度》与现行税收政策，会计核算健全，被税务机关认定为增值税一般纳税人，增值税税率为 17%，按月缴纳增值税。采用实际成本法计算。

2010 年 9 月发生如下业务：

（1）9 月 2 日缴纳上月的增值税 16540 元。

（2）9 月 3 日由东方工厂购入甲材料 150 吨，单价为 2100 元/吨，收到增值税专用发票，价款为 315000 元，税款为 53550 元，已认证并申报抵扣，材料已验收入库，货款以银行存款支付。

（3）9 月 4 日由南方批发市场购入乙材料 180 吨，单价为 3500 元，收到增值税专用发票，价款为 630000 元，税款为 107100 元，已认证并申报抵扣，材料已验收入库，货款用支票支付，另以银行存款支付运费 25500 元，已取得普通发票。

（4）9 月 5 日用转账支票直接向农场收购用于生产加工的农产品一批，已验收入库，经税务机关批准的收购凭证上注明价款为 100000 元。

（5）9 月 8 日从西方百货公司收到委托代销清单，销售甲产品 5 台，每台 58000 元，增值税税率为 17%，开具增值税专用发票，对方按价款的 5% 收取手续费，收到支票并存入银行。

（6）9 月 10 日销售乙产品 8 台，货款为 240000 元，税款为 40800 元。

（7）9 月 14 日向小规模纳税人天阳公司售出 10 吨甲材料，开出 29250 元的普通发票，取得支票存入银行。

（8）9 月 18 日将乙产品 2 台转为本企业自用，实际成本共计 60000 元，税务机关认定的计税价格为 80000 元，未开具发票。

（9）9 月 20 日将总价值 84000 元的本月外购甲材料 20 吨及库存甲材料 20 吨移送本企业修建产品仓库工程使用。

（10）9 月 21 日将乙产品 5 台，价值 150000 元，税务机关认定计税价格为 200000 元，无偿捐赠给汉阳化工厂，开具增值税专用发票。

（11）9 月 22 日委托长沙一加工厂加工配件，材料上月已发出，本月支付加工费 3000 元和增值税 510 元，取得增值税专用发票，已认证并申报抵扣。另支付往返运杂费 860 元，其中装卸费 100 元，运费 760 元，取得普通发票，用支票支付。

（12）9 月 23 日购入汽车一辆，取得增值税专用发票，价款为 150000 元，税款为 25500 元，用支票支付。

（13）9 月 26 日机修车间对外提供加工服务，收到劳务费 9000 元（含税），开具普通发票。

（14）9 月 30 日企业上月销售的乙产品 5 台发生销售退回，价款 175500 元，应退增值税 29835 元，企业开出红字增值税专用发票，并以银行存款支付退货款项。

（15）月末盘存发现上月购进的甲材料 15 吨被盗，金额 31500 元（含分摊的运费 1070 元，上月均已认证并申报抵扣），经批准作为营业外支出处理。

【实训操作】

（1）计算武汉华鸿实业有限责任公司 2010 年 9 月应纳的增值税税额。

（2）做相应的会计处理。

（3）填写《增值税纳税申报表》。

实训表 1

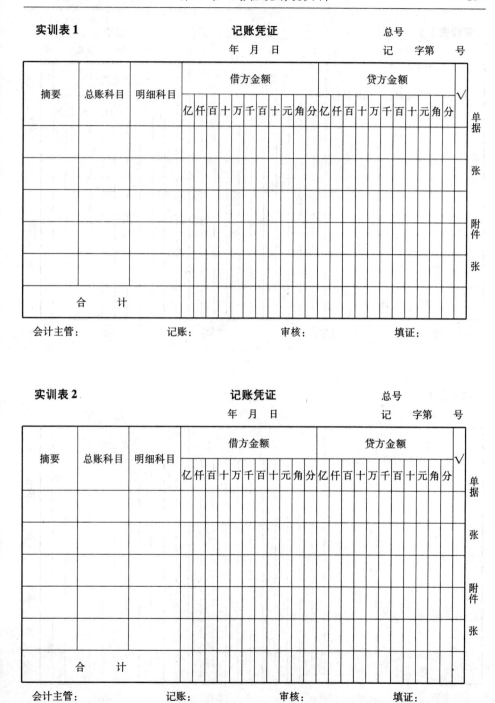

			借方金额										贷方金额										√
摘要	总账科目	明细科目	亿	仟	百	十	万	千	百	十	元	角	分	亿	仟	百	十	万	千	百	十	元	角	分	
合　计																									

记账凭证　　　　总号

年　月　日　　　记　　字第　　号

单据　　张　　附件　　张

会计主管：　　　　记账：　　　　审核：　　　　填证：

实训表 2

			借方金额										贷方金额										√
摘要	总账科目	明细科目	亿	仟	百	十	万	千	百	十	元	角	分	亿	仟	百	十	万	千	百	十	元	角	分	
合　计																									

记账凭证　　　　总号

年　月　日　　　记　　字第　　号

单据　　张　　附件　　张

会计主管：　　　　记账：　　　　审核：　　　　填证：

实训表 3　　　　　　　　　　　　　　**记账凭证**　　　　　　　　总号
　　　　　　　　　　　　　　　　　　　　年　月　日　　　　　　记　字第　号

摘要	总账科目	明细科目	借方金额										贷方金额										√	
			亿	仟	百	十	万	千	百	十	元	角	分	亿	仟	百	十	万	千	百	十	元	角	分		单
																									据
																									张
																									附
																									件
																									张
合　计																									

会计主管：　　　　　　记账：　　　　　　审核：　　　　　　填证：

实训表 4　　　　　　　　　　　　　　**记账凭证**　　　　　　　　总号
　　　　　　　　　　　　　　　　　　　　年　月　日　　　　　　记　字第　号

摘要	总账科目	明细科目	借方金额										贷方金额										√	
			亿	仟	百	十	万	千	百	十	元	角	分	亿	仟	百	十	万	千	百	十	元	角	分		单
																									据
																									张
																									附
																									件
																									张
合　计																									

会计主管：　　　　　　记账：　　　　　　审核：　　　　　　填证：

实训表5

记账凭证   总号

年 月 日   记 字第 号

摘要	总账科目	明细科目	借方金额										贷方金额										√
			亿	仟	百	十	万	千	百	十	元	角	分	亿	仟	百	十	万	千	百	十	元	角	分	
合　计																									

单据 张 附件 张

会计主管：　　　　　记账：　　　　　审核：　　　　　填证：

实训表6

记账凭证   总号

年 月 日   记 字第 号

摘要	总账科目	明细科目	借方金额										贷方金额										√
			亿	仟	百	十	万	千	百	十	元	角	分	亿	仟	百	十	万	千	百	十	元	角	分	
合　计																									

单据 张 附件 张

会计主管：　　　　　记账：　　　　　审核：　　　　　填证：

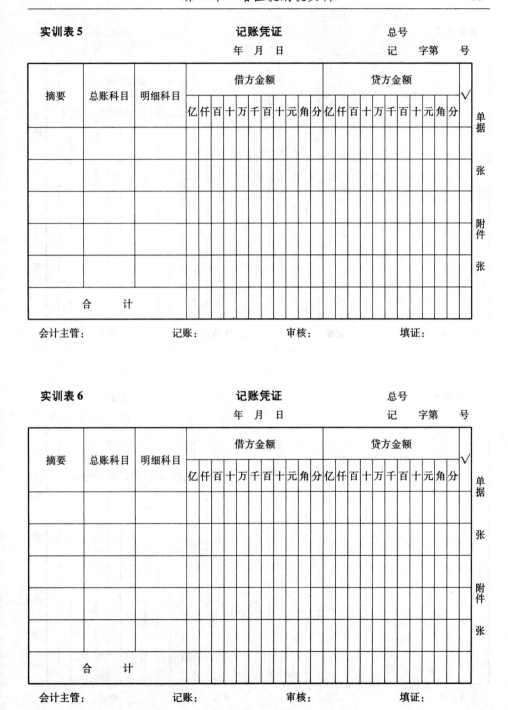

实训表 7　　　　　　　　　　　　　**记账凭证**　　　　　　　总号

年　月　日　　　　　　　　记　字第　号

摘要	总账科目	明细科目	借方金额										贷方金额										√
			亿	仟	百	十	万	千	百	十	元	角	分	亿	仟	百	十	万	千	百	十	元	角	分
合　计																							

单据　　张　　附件　　张

会计主管：　　　　记账：　　　　审核：　　　　填证：

实训表 8　　　　　　　　　　　　　**记账凭证**　　　　　　　总号

年　月　日　　　　　　　　记　字第　号

摘要	总账科目	明细科目	借方金额										贷方金额										√
			亿	仟	百	十	万	千	百	十	元	角	分	亿	仟	百	十	万	千	百	十	元	角	分
合　计																							

单据　　张　　附件　　张

会计主管：　　　　记账：　　　　审核：　　　　填证：

实训表 9

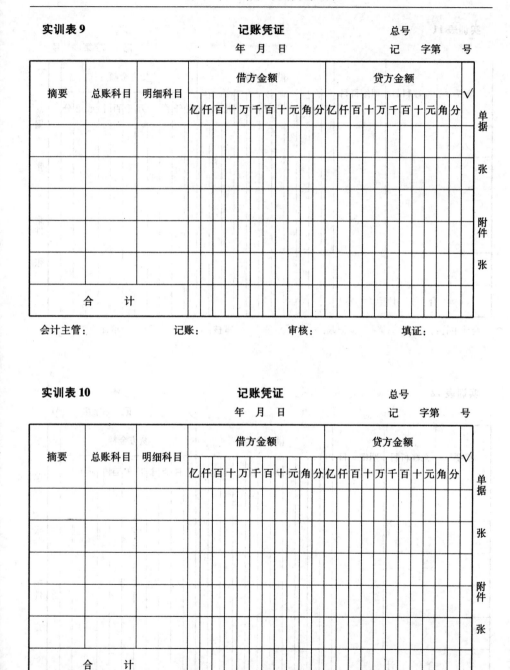

记账凭证　　　　　总号

年 月 日　　　　　记 字第 号

摘要	总账科目	明细科目	借方金额										贷方金额										√	
			亿	仟	百	十	万	千	百	十	元	角	分	亿	仟	百	十	万	千	百	十	元	角	分		单
																										据
																										张
																										附
																										件
																										张
合　　计																										

会计主管：　　　　　记账：　　　　　审核：　　　　　填证：

实训表 10

记账凭证　　　　　总号

年 月 日　　　　　记 字第 号

摘要	总账科目	明细科目	借方金额										贷方金额										√	
			亿	仟	百	十	万	千	百	十	元	角	分	亿	仟	百	十	万	千	百	十	元	角	分		单
																										据
																										张
																										附
																										件
																										张
合　　计																										

会计主管：　　　　　记账：　　　　　审核：　　　　　填证：

实训表 11

记账凭证 总号

年 月 日 记 字第 号

摘要	总账科目	明细科目	借方金额											贷方金额											✓
			亿	仟	百	十	万	千	百	十	元	角	分	亿	仟	百	十	万	千	百	十	元	角	分	
合　计																									

单据　张　附件　张

会计主管： 记账： 审核： 填证：

实训表 12

记账凭证 总号

年 月 日 记 字第 号

摘要	总账科目	明细科目	借方金额											贷方金额											✓
			亿	仟	百	十	万	千	百	十	元	角	分	亿	仟	百	十	万	千	百	十	元	角	分	
合　计																									

单据　张　附件　张

会计主管： 记账： 审核： 填证：

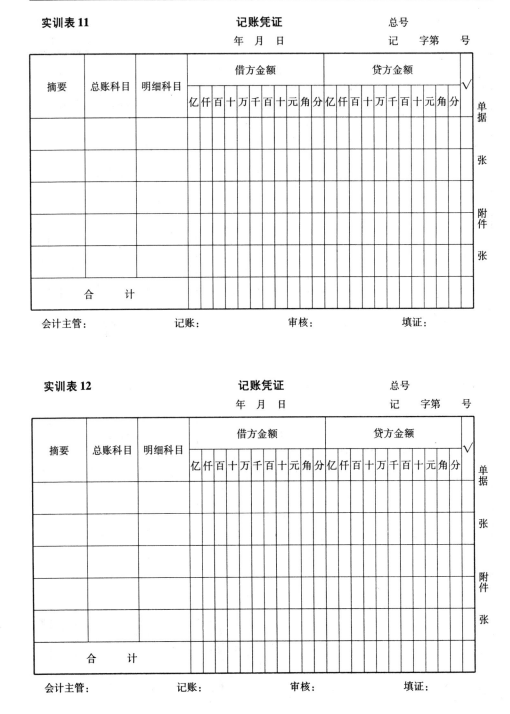

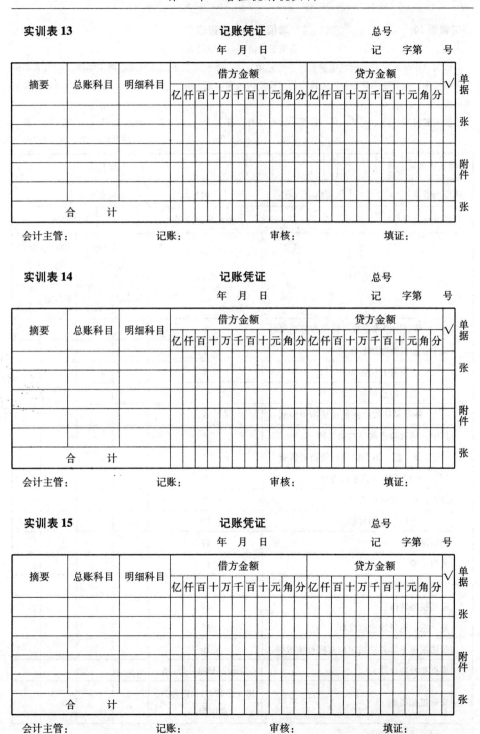

实训表 13　　　　　　　　　　　　　**记账凭证**　　　　　　　总号

年　月　日　　　　　　　　记　　字第　　号

摘要	总账科目	明细科目	借方金额										贷方金额										√	单
			亿	仟	百	十	万	千	百	十	元	角	分	亿	仟	百	十	万	千	百	十	元	角	分		据
																									张
																									附
																									件
合　计																									张

会计主管：　　　　　记账：　　　　　审核：　　　　　填证：

实训表 14　　　　　　　　　　　　　**记账凭证**　　　　　　　总号

年　月　日　　　　　　　　记　　字第　　号

摘要	总账科目	明细科目	借方金额										贷方金额										√	单
			亿	仟	百	十	万	千	百	十	元	角	分	亿	仟	百	十	万	千	百	十	元	角	分		据
																									张
																									附
																									件
合　计																									张

会计主管：　　　　　记账：　　　　　审核：　　　　　填证：

实训表 15　　　　　　　　　　　　　**记账凭证**　　　　　　　总号

年　月　日　　　　　　　　记　　字第　　号

摘要	总账科目	明细科目	借方金额										贷方金额										√	单
			亿	仟	百	十	万	千	百	十	元	角	分	亿	仟	百	十	万	千	百	十	元	角	分		据
																									张
																									附
																									件
合　计																									张

会计主管：　　　　　记账：　　　　　审核：　　　　　填证：

实训表 16   **增值税纳税申报表**

（适用于增值税一般纳税人）

根据《中华人民共和国增值税暂行条例》第二十二条和第二十三条的规定制定本表。纳税人不论有无销售额，均应按主管税务机关核定的纳税期限填报本表，并于次月一日起十日内，向当地税务机关申报。

税款所属时间：自   年 月 日至   年 月 日   填表日期：   年 月 日

金额单位：元（列至角分）

纳税人识别号								所属行业			
纳税人名称	（公章）		法定代表人姓名			注册地址			营业地址		
开户银行及账号					企业登记注册类型				电话号码		

项　　目		栏次	一般货物及劳务		即征即退货物及劳务	
			本月数	本年累计	本月数	本年累计
销售额	（一）按适用税率征税货物及劳务销售额	1				
	其中：应税货物销售额	2				
	应税劳务销售额	3				
	纳税检查调整的销售额	4				
	（二）按简易征收办法征税货物销售额	5				
	其中：纳税检查调整的销售额	6				
	（三）免、抵、退办法出口货物销售额	7				
	（四）免税货物及劳务销售额	8				
	其中：免税货物销售额	9				
	免税劳务销售额	10				
税款计算	销项税额	11				
	进项税额	12				
	上期留抵税额	13				
	进项税额转出	14				
	免、抵、退货物应退税额	15				
	按适用税率计算的纳税检查应补缴税额	16				
	应抵扣税额合计	17=12+13-14-15+16				
	实际抵扣税额	18（如17<11，则为17，否则为11）				

续表

项　目	栏次	一般货物及劳务		即征即退货物及劳务	
		本月数	本年累计	本月数	本年累计
税款计算 应纳税额	19＝11－18				
期末留抵税额	20＝17－18				
按简易征收办法计算的应纳税额	21				
按简易征收办法计算的纳税检查应补缴税额	22				
应纳税额减征额	23				
应纳税额合计	24＝19+21－23				
税款缴纳 期初未缴税额（多缴为负数）	25				
实收出口开具专用缴款书退税额	26				
本期已缴税额	27＝28+29+30+31				
①分次预缴税额	28				
②出口开具专用缴款书预缴税额	29				
③本期缴纳上期应纳税额	30				
④本期缴纳欠缴税额	31				
期末未缴税额（多缴为负数）	32＝24+25+26－27				
其中：欠缴税额（≥0）	33＝25+26－27				
本期应补（退）税额	34＝24－28－29				
即征即退实际退税额	35				
期初未缴查补税额	36				
本期入库查补税额	37				
期末未缴查补税额	38＝16+22+36－37				

授权声明	如果你已委托代理人申报，请填写下列资料： 　　为代理一切税务事宜，现授权 　　（地址）为本纳税人的代理申报人，任何与本申报表有关的往来文件，都可寄予此人。 　　　　　　　　授权人签字：	申报人声明	此纳税申报表是根据《中华人民共和国增值税暂行条例》的规定填报的，我相信它是真实的、可靠的、完整的。 　　　　　　　　声明人签字：

以下由税务机关填写

收到日期：　　　　　　　　　　　　　　　　接收人（签章）：

主管税务机关（盖章）：

【相关提示】

（1）购进农产品可以按扣除率扣税。

（2）普通发票不能作为扣税凭证。

（3）自产自用的产品在税务处理时视同销售计税，但在会计做账时不确认收入。

（4）购进固定资产如用于消费，不能抵扣进项税额。

（5）销售退回业务中应冲减销售额和相应的销项税额。

（6）非正常损失应做进项税额转出处理。

【总结和体会】

【教师评价】

二、小规模纳税人纳税实训

【实训目的】

熟悉增值税小规模纳税人的计算和账务处理，掌握增值税小规模纳税人纳税申报的业务流程及实务操作。

【知识链接】

《增值税纳税申报表》（适用于小规模纳税人）填表说明：

一、本申报表适用于增值税小规模纳税人（以下简称纳税人）填报。

二、具体项目填写说明：

（一）本表"税款所属期"是指纳税人申报的增值税应纳税额的所属时间，应填写具体的起止年、月、日。

（二）本表"纳税人识别号"栏，填写税务机关为纳税人确定的识别号，即税务登记证号码。

（三）本表"纳税人名称"栏，填写纳税人单位名称全称，不得填写简称。

（四）本表第1项"应征增值税货物及劳务不含税销售额"栏数据，填写应征增值税货物及劳务的不含税销售额，包含通过税务机关窗口代开的以及纳税人通过税控器具开具的应征增值税货物及劳务的不含税销售额；不包含销售自己使用过的应税固定资产和旧货不含税销售额、免税货物及劳务销售额、出口免税货物销售额、稽查查补销售额。

（五）本表第 2 项"税务机关代开的增值税专用发票不含税销售额"栏数据，填写税务机关代开的增值税专用发票的不含税销售额合计。

（六）本表第 3 项"税控器具开具的普通发票不含税销售额"栏数据，填写纳税人通过税控器具开具的应征增值税货物及劳务的普通发票换算的不含税销售额。

（七）本表第 4 项"销售使用过的应税固定资产不含税销售额"栏数据，填写纳税人销售自己使用过的应税固定资产和旧货按 3% 征收率换算的不含税销售额，按下列公式确定不含税销售额和应纳税额：

不含税销售额＝含税销售额÷（1+3%）

应纳税额＝不含税销售额×3%

（八）本表第 5 项"税控器具开具的普通发票不含税销售额"栏数据，填写纳税人销售自己使用过的应税固定资产和旧货时通过税控器具开具的普通发票不含税销售额。

（九）本表第 6 项"免税货物及劳务销售额"栏数据，填写销售免征增值税货物及劳务的销售额。

（十）本表第 7 项"税控器具开具的普通发票销售额"栏数据，填写纳税人销售免税货物及劳务时通过税控器具开具的普通发票金额。

（十一）本表第 8 项"出口免税货物销售额"栏数据，填写出口免税货物的销售额。

（十二）本表第 9 项"税控器具开具的普通发票销售额"栏数据，填写通过税控器具开具的出口免税货物的普通发票金额。

（十三）本表第 10 项"本期应纳税额"栏数据，填写本期按征收率计算缴纳的应纳增值税税额。

（十四）本表第 11 项"本期应纳税额减征额"栏数据，填写根据相关的增值税优惠政策计算的应纳增值税税额减征额。

（十五）本表第 13 项"本期预缴税额"栏数据，填写纳税人本期预缴的增值税额，但不包括稽查补缴的应纳增值税额。

【实训资料】

一、模拟企业概况

企业名称：武汉江汉家具厂

税务登记号：350200238877651

企业地址：武汉市江岸路 1 号

单位电话：80123456

开户银行及账号：中国银行汉口支行　6428936749234

二、实训操作资料

武汉江汉家具厂为小规模纳税人，2009 年 10 月发生的业务如下：

（1）10 月 5 日，向永峰木材有限公司购进木材一批，取得增值税专用发票，价税合计为 46800 元，木材已经入库，货款当日用银行存款付讫。

（2）10 月 8 日，向红旗有限公司购进油漆 100 千克，取得普通发票上注明的价款为 5000 元，款项用银行存款支付。

（3）10 月 10 日，缴纳上月应纳的增值税 10000 元。

（4）10 月 20 日，销售家具一批给龙门家私有限公司，开具的普通发票上注明价款为 50000 元。

（5）10 月 25 日，销售一批木材，收到现金 3000 元。

【实训操作】

（1）计算应纳增值税。

（2）做相应的会计处理。

（3）填写《增值税纳税申报表》。

实训表1　　　　　　　　　　　　　记账凭证　　　　　　　　总号

年　月　日　　　　　记　字第　　号

摘要	总账科目	明细科目	借方金额										贷方金额										√	
			亿	仟	百	十	万	千	百	十	元	角	分	亿	仟	百	十	万	千	百	十	元	角	分	单据
																									张
																									附件
																									张
合　　计																									

会计主管：　　　　　记账：　　　　　审核：　　　　　填证：

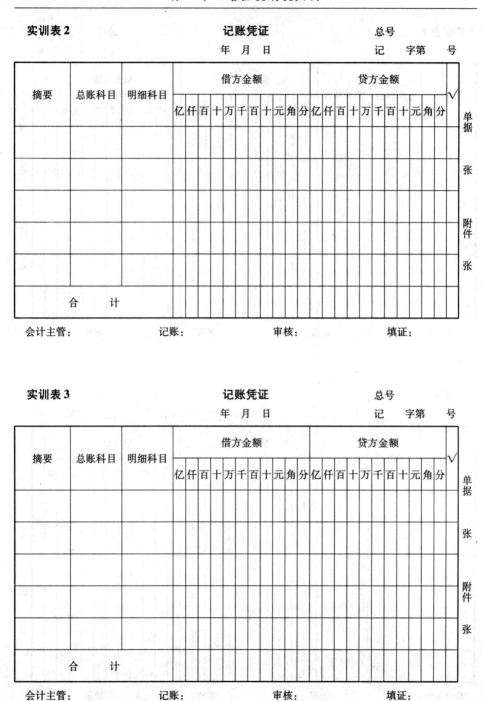

实训表 2

记账凭证

总号

年 月 日

记 字第 号

摘要	总账科目	明细科目	借方金额										贷方金额										√
			亿	仟	百	十	万	千	百	十	元	角	分	亿	仟	百	十	万	千	百	十	元	角	分	
合　计																									

会计主管：　　　　记账：　　　　审核：　　　　填证：

实训表 3

记账凭证

总号

年 月 日

记 字第 号

摘要	总账科目	明细科目	借方金额										贷方金额										√
			亿	仟	百	十	万	千	百	十	元	角	分	亿	仟	百	十	万	千	百	十	元	角	分	
合　计																									

会计主管：　　　　记账：　　　　审核：　　　　填证：

实训表4　　　　　　　　　　　　　**记账凭证**　　　　　　　　　　　总号

年　月　日　　　　　　　　　记　字第　号

摘要	总账科目	明细科目	借方金额										贷方金额										√	
			亿	仟	百	十	万	千	百	十	元	角	分	亿	仟	百	十	万	千	百	十	元	角	分	单据
																									张
																									附件
合　计																									张

会计主管：　　　　　　记账：　　　　　　审核：　　　　　　填证：

实训表5　　　　　　　　　　　　　**记账凭证**　　　　　　　　　　　总号

年　月　日　　　　　　　　　记　字第　号

摘要	总账科目	明细科目	借方金额										贷方金额										√	
			亿	仟	百	十	万	千	百	十	元	角	分	亿	仟	百	十	万	千	百	十	元	角	分	单据
																									张
																									附件
合　计																									张

会计主管：　　　　　　记账：　　　　　　审核：　　　　　　填证：

实训表6 　　　　　　　　　**增值税纳税申报表**

（适用于小规模纳税人）

纳税人识别号：□□□□□□□□□□□□□□□□□□□□

纳税人名称（公章）：

税款所属期：自　年　月　日至　　年　月　日

填表日期：　年　月　日　　　　　　　　　　　　金额单位：元（列至角分）

	项　目	栏次	本期数	本年累计
一、计税依据	（一）应征增值税货物及劳务不含税销售额	1		
	其中：税务机关代开的增值税专用发票不含税销售额	2		
	税控器具开具的普通发票不含税销售额	3		
	（二）销售使用过的应税固定资产不含税销售额	4		
	其中：税控器具开具的普通发票不含税销售额	5		
	（三）免税货物及劳务销售额	6		
	其中：税控器具开具的普通发票销售额	7		
	（四）出口免税货物销售额	8		
	其中：税控器具开具的普通发票销售额	9		
二、税款计算	本期应纳税额	10		
	本期应纳税额减征额	11		
	应纳税额合计	12＝10－11		
	本期预缴税额	13		——
	本期应补（退）税额	14＝12－13		——
纳税人或代理人声明：此纳税申报表是根据国家税收法律的规定填报的，我确定它是真实的、可靠的、完整的。	如纳税人填报，由纳税人填写以下各栏			
	办税人员（签章）：　　　　　　　　财务负责人（签章）：			
	法定代表人（签章）：　　　　　　　联系电话：			
	如委托代理人填报，由代理人填写以下各栏			
	代理人名称：　　　经办人（签章）：　　　联系电话：			
	代理人（公章）：			

受理人（签章）：　　　　受理日期：　　年　月　日　　　受理税务机关（签章）：

本表为A4纸竖式一式三份，一份纳税人留存，一份主管税务机关留存，一份征收部门留存。

【相关提示】

小规模纳税人不能使用增值税专用发票，售货时只能开具普通发票。购货时无论取得何种发票均不得抵扣进项税，而是采用简易计算办法。小规模纳税人销售货物或者应税劳务，按照销售额和条例规定的3%的征收率计算应纳税额，不得抵扣进项税额。应纳税额的计算公式是：

应纳税额＝销售额×征收率

其中销售额是不含增值税的价格，如果有价外费用发生，也应一并计入销售额中。不含税销售额的计算公式是：

不含税销售额＝含税销售额÷(1+征收率)

【总结和体会】

【教师评价】

第三章　消费税纳税实训

一、烟类应税消费品纳税实训

【实训目的】

练习卷烟类消费品应纳消费税的纳税申报实务操作，熟练计算税款，填制新的纳税申报表。

【知识链接】

为了在全国范围内统一规范消费税纳税申报程序，加强消费税管理的基础工作，国家税务总局 2008 年 4 月制定了《烟类应税消费品消费税纳税申报表》《酒及酒精消费税纳税申报表》《成品油消费税纳税申报表》《小汽车消费税纳税申报表》《其他应税消费品消费税纳税申报表》，取代了旧版通用的消费税纳税申报表。

纳税人进行消费税申报时要按上述规定进行分类申报，申报时申报表及其附表都要报送主管税务机关。

《烟类应税消费品消费税纳税申报表》填表说明：

一、本表仅限烟类消费税纳税人使用。

二、本表"销售数量"为《中华人民共和国消费税暂行条例》《中华人民共和国消费税暂行条例实施细则》及其他法规、规章规定的当期应申报缴纳消费税的烟类应税消费品销售（不含出口免税）数量。

三、本表"销售额"为《中华人民共和国消费税暂行条例》《中华人民共和国消费税暂行条例实施细则》及其他法规、规章规定的当期应申报缴纳消费税的烟类应税消费品销售（不含出口免税）收入。

四、根据《中华人民共和国消费税暂行条例》和《财政部 国家税务总局关于调整烟类产品消费税政策的通知》（财税〔2001〕91 号）的规定，本表"应纳税额"计算公式如下：

（一）卷烟

应纳税额＝销售数量×定额税率+销售额×比例税率

（二）雪茄烟、烟丝

应纳税额=销售额×比例税率

五、本表"本期准予扣除税额"按本表附件一的本期准予扣除税款合计金额填写。

六、本表"本期减（免）税额"不含出口退（免）税额。

七、本表"期初未缴税额"填写本期期初累计应缴未缴的消费税额，多缴为负数。其数值等于上期"期末未缴税额"。

八、本表"本期缴纳前期应纳税额"填写本期实际缴纳入库的前期消费税额。

九、本表"本期预缴税额"填写纳税申报前已预先缴纳入库的本期消费税额。

十、本表"本期应补（退）税额"计算公式如下，多缴为负数：

本期应补（退）税额=应纳税额（合计栏金额）-本期准予扣除税额-本期减（免）税额-本期预缴税额

十一、本表"期末未缴税额"计算公式如下，多缴为负数：

期末未缴税额=期初未缴税额+本期应补（退）税额-本期缴纳前期应纳税额

十二、本表为A4纸竖式，所有数字小数点后保留两位。一式两份，一份纳税人留存，一份税务机关留存。

附表《本期准予扣除税额计算表》填表说明：

一、本表作为《烟类应税消费品消费税纳税申报表》的附报资料，由外购或委托加工收回烟丝后连续生产卷烟的纳税人填报。

二、根据《国家税务总局关于用外购和委托加工收回的应税消费品连续生产应税消费品征收消费税问题的通知》（国税发〔1995〕94号）的规定，本表"当期准予扣除的委托加工烟丝已纳税款"计算公式如下：

当期准予扣除的委托加工烟丝已纳税款=期初库存委托加工烟丝已纳税款+当期收回委托加工烟丝已纳税款-期末库存委托加工烟丝已纳税款

三、根据《国家税务总局关于用外购和委托加工收回的应税消费品连续生产应税消费品征收消费税问题的通知》（国税发〔1995〕94号）的规定，本表"当期准予扣除的外购烟丝已纳税款"计算公式如下：

当期准予扣除的外购烟丝已纳税款=（期初库存外购烟丝买价+当期购进烟丝买价-期末库存外购烟丝买价）×外购烟丝适用税率（30%）

四、本表"本期准予扣除税款合计"为本期外购及委托加工收回烟丝后连续生产卷烟准予扣除烟丝已纳税款的合计数，应与《烟类应税消费品消费税纳税申报表》中对应项目一致。

五、本表为 A4 纸竖式，所有数字小数点后保留两位。一式两份，一份纳税人留存，一份税务机关留存。

【实训资料】

一、模拟企业概况

企业名称：天山卷烟厂

企业地址：武汉市三阳路 123 号

税务登记号：420521895645211

单位电话：80000001

法人代表：张三

办税人员：刘玲

开户银行及账号：中国建设银行三阳支行　123456-1

二、实训操作资料

天山卷烟厂为增值税一般纳税人，2009 年 3 月有如下业务：

（1）月初库存外购已税烟丝 80 万元，当月外购已税烟丝取得增值税专用发票，注明支付货款 1200 万元，进项税额 204 万元。烟丝全部验收入库。

（2）销售外购已税烟丝 50 万元，开具普通发票（烟丝）。

（3）期末库存外购已税烟丝 800 万元，其余用来生产卷烟。

（4）期初库存委托加工烟丝 70 万元，本期收回委托加工烟丝 80 万元，期末库存委托加工烟丝 100 万元。

（5）生产卷烟 1500 箱（标准箱，下同），全部对外销售，取得含税销售额 4563 万元，销货运输费用 60 万元，开具普通发票。

【实训操作】

（1）计算应纳消费税。

（2）做相应的会计处理。

（3）填写《消费税纳税申报表》。

实训表 1　　　　　　　　**烟类应税消费品消费税纳税申报表**

税款所属期：　　年　　月　　日至　　年　　月　　日

纳税人名称：

纳税人识别号：☐☐☐☐☐☐☐☐☐☐☐☐☐☐☐

填表日期：　　年　　月　　日　　　　　　　　　　　　　　　　单位：元

项目 应税 消费品名称	适用税率		销售数量	销售额	应纳税额
	定额 税率	比例 税率			
卷烟	30 元/万支	56%			
卷烟	30 元/万支	36%			
雪茄烟	—	36%			
烟丝	—	30%			
合计	—	—	—		—

本期准予扣除税额：	**声　明** 　　此纳税申报表是根据国家税收法律的规定填报的，我确定它是真实的、可靠的、完整的。
本期减（免）税额：	
期初未缴税额：	经办人（签章）： 财务负责人（签章）： 联系电话：
本期缴纳前期应纳税额：	（如果你已委托代理人申报，请填写） 　　　　　　授权声明 　　为代理一切税务事宜，现授权
本期预缴税额：	（地址）　　　为本纳税人的代理申报人，任何与本申报表有关的往来文件，都可寄予此人。
本期应补（退）税额：	
期末未缴税额：	授权人签章：

以下由税务机关填写

受理人（签章）：　　　　　受理日期：　　年　　月　　日　　　　　受理税务机关（章）：

实训表 2 **本期准予扣除税额计算表**

税款所属期： 年 月 日至 年 月 日

纳税人名称：

纳税人识别号： □□□□□□□□□□□□□□□

填表日期： 年 月 日 单位：元

一、当期准予扣除的委托加工烟丝已纳税款计算	
1. 期初库存委托加工烟丝已纳税款：	
2. 当期收回委托加工烟丝已纳税款：	
3. 期末库存委托加工烟丝已纳税款：	
4. 当期准予扣除的委托加工烟丝已纳税款：	
二、当期准予扣除的外购烟丝已纳税款计算	
1. 期初库存外购烟丝买价：	
2. 当期购进烟丝买价：	
3. 期末库存外购烟丝买价：	
4. 当期准予扣除的外购烟丝已纳税款：	
三、本期准予扣除税款合计：	

【相关提示】

（1）卷烟采用复合计税的方法。

（2）生产过程中领用的外购已税烟丝和委托加工收回的烟丝均可按照领用数量进行税额扣除计算。

【总结和体会】

【教师评价】

二、酒类消费税纳税实训

【实训目的】

练习酒类消费品应纳消费税的纳税申报实务操作，熟练计算税款，填制纳税申报表。

【知识链接】

《酒及酒精消费税纳税申报表》填表说明：

一、本表仅限酒及酒精消费税纳税人使用。

二、本表"销售数量"为《中华人民共和国消费税暂行条例》《中华人民共和国消费税暂行条例实施细则》及其他法规、规章规定的当期应申报缴纳消费税的酒及酒精销售（不含出口免税）数量。计量单位：粮食白酒和薯类白酒为斤（如果实际销售商品按照体积标注计量单位，应按500毫升为1斤换算），啤酒、黄酒、其他酒和酒精为吨。

三、本表"销售额"为《中华人民共和国消费税暂行条例》《中华人民共和国消费税暂行条例实施细则》及其他法规、规章规定的当期应申报缴纳消费税的酒及酒精销售（不含出口免税）收入。

四、根据《中华人民共和国消费税暂行条例》和《财政部 国家税务总局关于调整酒类产品消费税政策的通知》（财税〔2001〕84号）的规定，本表"应纳税额"计算公式如下：

（一）粮食白酒、薯类白酒

应纳税额＝销售数量×定额税率＋销售额×比例税率

（二）啤酒、黄酒

应纳税额＝销售数量×定额税率

（三）其他酒、酒精

应纳税额＝销售额×比例税率

五、本表"本期准予抵减税额"按本表附件一的本期准予抵减税款合计金额填写。

六、本表"本期减（免）税额"不含出口退（免）税额。

七、本表"期初未缴税额"填写本期期初累计应缴未缴的消费税额，多缴为负数。其数值等于上期"期末未缴税额"。

八、本表"本期缴纳前期应纳税额"填写本期实际缴纳入库的前期消费税额。

九、本表"本期预缴税额"填写纳税申报前已预先缴纳入库的本期消费税额。

十、本表"本期应补（退）税额"计算公式如下，多缴为负数：

本期应补（退）税额＝应纳税额（合计栏金额）－本期准予抵减税额－本期减（免）税额－本期预缴税额

十一、本表"期末未缴税额"计算公式如下，多缴为负数：

期末未缴税额＝期初未缴税额＋本期应补（退）税额－本期缴纳前期应纳税额

十二、本表为 A4 纸竖式，所有数字小数点后保留两位。一式两份，一份纳税人留存，一份税务机关留存。

附表《本期准予抵减税额计算表》填表说明：

一、本表作为《酒及酒精消费税纳税申报表》的附报资料，由以外购啤酒液为原料连续生产啤酒的纳税人或以进口葡萄酒为原料连续生产葡萄酒的纳税人填报。

二、根据《国家税务总局关于用外购和委托加工收回的应税消费品连续生产应税消费品征收消费税问题的通知》（国税发〔1995〕94 号）和《国家税务总局关于啤酒集团内部企业间销售（调拨）啤酒液征收消费税问题的批复》（国税函〔2003〕382 号）的规定，本表"当期准予抵减的外购啤酒液已纳税款"计算公式如下：

当期准予抵减的外购啤酒液已纳税款＝（期初库存外购啤酒液数量＋当期购进啤酒液数量－期末库存外购啤酒液数量）×外购啤酒液适用定额税率

其中，外购啤酒液适用定额税率由购入方取得的销售方销售啤酒液所开具的增值税专用发票上记载的单价确定。适用定额税率不同的，应分别核算外购啤酒液数量和当期准予抵减的外购啤酒液已纳税款，并在表中填写合计数。

三、根据《国家税务总局关于印发〈葡萄酒消费税管理办法（试行）〉的通知》（国税发〔2006〕66 号）的规定，本表"当期准予抵减的进口葡萄酒已纳税款"为纳税人进口葡萄酒取得的《海关进口消费税专用缴款书》注明的消费税款。

四、本表"本期准予抵减税款合计"应与《酒及酒精消费税纳税申报表》中对应项目一致。

五、以外购啤酒液为原料连续生产啤酒的纳税人应在"附：准予抵减消费税凭证明细"栏据实填写购入啤酒液取得的增值税专用发票上载明的"号码"、"开票日期"、"数量"、"单价"等项目内容。

六、以进口葡萄酒为原料连续生产葡萄酒的纳税人应在"附：准予抵减消费税凭证明细"栏据实填写进口消费税专用缴款书上载明的"号码"、"开票日期"、"数量"、"完税价格"、"税款金额"等项目。

七、本表为 A4 纸竖式，所有数字小数点后保留两位。一式两份，一份纳税人留存，一份税务机关留存。

【实训资料】

一、模拟企业概况

企业名称：安康酒业制造有限公司

企业地址：武汉市三阳路 223 号

税务登记号：420104300091557

单位电话：80000002

法人代表：张朋

企业办税员：李林

开户银行：中国建设银行三阳支行

账号：123456-1

二、实训操作资料

（1）从某粮食酒厂外购粮食白酒 1 吨，取得增值税专用发票注明金额 20000 元，用以勾兑散装白酒 2 吨并对外销售，取得不含税销售额 40000 元，款已收到。

（2）自制薯类白酒 6 吨，对外售出 4 吨，收到不含税销售额 200000 元（含包装费 5000 元）。

（3）自产药酒 1000 斤全部售出，普通发票上注明含税销售额 58500 元。

（4）为厂庆活动特制啤酒 2 吨，全部发放给职工，同类产品的市场价格为每吨 2200 元。

（5）购入 2 吨黄酒，赞助给市食品展销会。

【实训操作】

（1）计算应纳消费税。

（2）做相应的会计处理。

（3）填写《消费税纳税申报表》。

实训表 1　　　　　　　　　**酒及酒精消费税纳税申报表**

税款所属期：　年　月　日至　年　月　日

纳税人名称（公章）：

纳税人识别号：

填表日期：　年　月　日　　　　　　　　　　　　单位：元（列至角分）

项目 应税 消费品名称	适用税率		销售数量	销售额	应纳税额
	定额 税率	比例 税率			
粮食白酒	0.5 元/斤	20%			
薯类白酒	0.5 元/斤	20%			
啤酒	250 元/吨	—			
啤酒	220 元/吨	—			
黄酒	240 元/吨	—			
其他酒	—	10%			
酒精	—	5%			
合计	—	—	—	—	

本期准予抵减税额：	声明 　　此纳税申报表是根据国家税收法律的规定填报的，我确定它是真实的、可靠的、完整的。
本期减（免）税额：	
期初未缴税额：	经办人（签章）： 财务负责人（签章）： 联系电话：
本期缴纳前期应纳税额：	（如果你已委托代理人申报，请填写） 　　　　　授权声明 　　为代理一切税务事宜，现授权
本期预缴税额：	（地址）　　　　　　　　　为 本纳税人的代理申报人，任何与本申报表有关
本期应补（退）税额：	的往来文件，都可寄予此人。
期末未缴税额：	授权人签章：

以下由税务机关填写

受理人（签章）：　　　受理日期：　年　月　日　　　受理税务机关（章）：

实训表 2　　　　　　　　　　**本期准予抵减税额计算表**

税款所属期：　　年　　月　　日至　　年　　月　　日

纳税人名称（公章）：

纳税人识别号：| | | | | | | | | | | | | | | |

填表日期：　　年　　月　　日　　　　　　　　　　单位：元（列至角分）

一、当期准予抵减的外购啤酒液已纳税款计算
1. 期初库存外购啤酒液数量：
2. 当期购进啤酒液数量：
3. 期末库存外购啤酒液数量：
4. 当期准予抵减的外购啤酒液已纳税款：
二、当期准予抵减的进口葡萄酒已纳税款：
三、本期准予抵减税款合计：

【相关提示】

（1）粮食白酒和薯类白酒均采用复合计税的方法计税。

（2）外购已税白酒用于勾兑白酒销售的不允许进行已纳税额的扣除。

（3）计税时包装费作为价外费用的取得只影响销售额，不影响销售数量。

（4）自产自用于连续生产之外用途的，均在移送使用时计算应纳消费税。

（5）黄酒和啤酒均为从量税。

【总结和体会】

【教师评价】

第四章 营业税纳税实训

【实训目的】

(1) 练习营业税应纳税额的计算。

(2) 练习营业税涉税会计的核算及记账凭证的填写。

(3) 练习营业税的纳税申报。

【知识链接】

《营业税纳税申报表（适用于查账征收的营业税纳税人）》填表说明：

(1) 根据《中华人民共和国税收征收管理法》及其实施细则、《中华人民共和国营业税暂行条例》的有关规定，制定本表。

(2) 本表适用于除经主管税务机关核准实行简易申报方式以外的所有营业税纳税人（以下简称纳税人）。

(3) 本表"纳税人识别号"栏，填写税务机关为纳税人确定的识别号，即税务登记证号码。

(4) 本表"纳税人名称"栏，填写纳税单位名称全称，并加盖公章，不得填写简称。

(5) 本表"税款所属时间"填写纳税人申报的营业税应纳税额的所属时间，应填写具体的起止年、月、日。

(6) 本表"填表日期"填写纳税人填写本表的具体日期。

(7) 本表"代扣代缴项目"行应填报纳税人本期按照现行规定发生代扣代缴行为所应申报的事项，分不同税率填报。

(8) 本表所有栏次数据均不包括本期纳税人经税务机关、财政部门、审计部门检查以及纳税人自查发生的相关数据。

(9) 本表第 2 栏"应税收入"填写纳税人本期因提供营业税应税劳务、转让无形资产或者销售不动产所取得的全部价款和价外费用（包括免税），分营业税税目填报，该栏数据为各相应税目营业税纳税申报表中"应税收入"栏的"合计"数。纳税人提供营业税应税劳务、转让无形资产或者销售不动产发生退款或因财务会计核算办法改变冲减营业额时，不在本栏次调减，在第

11 栏"前期多缴税额"栏次内直接调减税额。

（10）本表第 3 栏"应税减除项目金额"应填写纳税人本期提供营业税应税劳务、转让无形资产或者销售不动产所取得的应税收入中按规定可扣除的项目金额，分营业税税目填报，该栏数据为相应税目营业税纳税申报表中"应税减除项目金额"栏（或"应税减除项目金额"栏中"小计"项）的"合计"数。

（11）本表第 5 栏"免税收入"应填写纳税人本期提供营业税应税劳务、转让无形资产或者销售不动产所取得的应税收入中不需要税务机关审批可直接免缴税款的应税收入或已经税务机关批准的免税项目应税收入，分营业税税目填报，该栏数据为相应税目营业税申报表中"免税收入"栏的"合计"数。

（12）本表第 10 栏"期初欠缴税额"填写截至本期（不含本期），纳税人经过纳税申报或报告、批准延期缴纳、税务机关核定等确定应纳税额后，超过法律、行政法规规定或者税务机关依照法律、行政法规规定确定的税款缴纳期限未缴纳的税款，分营业税税目填报，该栏数据为相应税目营业税纳税申报表中"期初欠缴税额"栏的"合计"数。

（13）本表第 11 栏"前期多缴税款"填写纳税人截至本期（不含本期）多缴纳的营业税税额分营业税税目填报，该栏数据为相应税目营业税纳税申报表中"前期多缴税额"栏的"合计"数。

（14）本表第 13 栏"已缴本期应纳税额"填写纳税人已缴的本期应纳营业税税额。该栏数据为相应税目营业税纳税申报表中"已缴本期应纳税额"栏的"合计"数。

（15）本表第 14 栏"本期已被扣缴税额"填写纳税人本期发生纳税义务，按现行税法规定扣缴义务人扣缴的营业税税额。该栏数据为相应税目营业税纳税申报表中"本期已被扣缴税额"栏的"合计"数。

（16）本表第 15 栏"本期已缴欠缴税额"填写纳税人本期缴纳的前期欠税，包括本期缴纳的前期经过纳税申报或报告、批准延期缴纳、税务机关核定等确定应纳税额后，超过法律、行政法规规定或者税务机关依照法律、行政法规规定确定的税款缴纳期限未缴纳的税款。该栏数据为相应税目营业税纳税申报表中"本期已缴欠缴税额"栏中"合计"数。

【实训资料一】

一、模拟企业概况

企业名称：湖湘集团公司（非增值税一般纳税人）

企业性质：私营企业

企业法定代表人：向高阳

企业地址：长沙市友谊路 35 号

开户银行及账号：中国工商银行友谊路分理处 1902654879234567826

纳税人识别号：430104795486219

企业办税员：钟娟红

二、实训操作资料

该公司主营业务有建筑、运输、旅游、广告及娱乐服务等，营业税于月末一次性计算、申报，营业税采取查账方式征收，涉及增值税业务按一般纳税人税率（17%）计算增值税额。假定该企业 2010 年 3 月的营业税于 4 月 8 日申报，3 月发生如下经济业务：

（1）3 月 2 日，开出发票一张，取得境内运输收入 50000 元，收取价外费用 1000 元，收取装卸费 1500 元。

（2）3 月 8 日，集团公司所属旅游分公司组团出境旅游，取得旅游费 500000 元，其中支付给境外服务公司的接待费 40000 美元。当日美元对人民币汇率为 1∶7.50。

（3）公司承包一栋住宅楼的建造工程，总承包额为 60000000 元。3 月 11 日收到第一批工程结算价款确认收入，开具发票一张，金额为 10000000 元。

（4）3 月 15 日，公司将一项专利使用权进行转让，开具普通发票一张，金额为 350000 元（适用税率为 5%），收到款项存入银行。

（5）3 月 18 日，公司出售一栋办公楼，金额为 8000000 元（适用税率为 5%）收到存入银行，开具普通发票一张。

（6）3 月 20 日，本集团公司所属的运输公司销售一批商品给某工厂，含税价款为 46800 元，开具普通发票，并负责将商品运送到该工厂，另外收取运费 2340 元，开具运输发票，款项均已收到，存入银行。

（7）3 月 22 日，公司购置 2 台税控收款机，取得普通发票注明的价款为 93600 元，公司将其作为固定资产管理。以转账支票支付全部价款。

（8）3 月 25 日，本集团公司所属的广告分公司对外提供广告服务，取得广告收入 320000 元，收到款项存入银行。

（9）3 月 31 日，本公司的餐饮分公司对外提供餐饮服务全月取得餐饮收入 250000 元，其中：酒水饮料销售收入为 50000 元，收到款项存入银行。

（10）3 月 31 日，本集团公司所属的歌舞厅全月取得门票收入 600000 元，点歌费收入 200000 元，茶水费收入 150000 元，烟酒销售收入 400000 元，适用税率为 20%，收到款项存入银行。

【实训操作】

（1）根据上述业务编制会计分录，并填制记账凭证。

（2）计算该公司 2010 年 3 月应缴纳的营业税。

（3）填制《营业税纳税申报表》。

实训表 1

记账凭证　　　　　　总号

年　月　日　　　　　记　字第　　号

摘要	总账科目	明细科目	借方金额										贷方金额										√	单据
			亿	仟	百	十	万	千	百	十	元	角	分	亿	仟	百	十	万	千	百	十	元	角	分
																									张
																									附件
																									张
合　计																									

会计主管：　　　　　　记账：　　　　　　审核：　　　　　　填证：

实训表 2

记账凭证　　　　　　总号

年　月　日　　　　　记　字第　　号

摘要	总账科目	明细科目	借方金额										贷方金额										√	单据
			亿	仟	百	十	万	千	百	十	元	角	分	亿	仟	百	十	万	千	百	十	元	角	分
																									张
																									附件
																									张
合　计																									

会计主管：　　　　　　记账：　　　　　　审核：　　　　　　填证：

实训表3

记账凭证   总号

年 月 日   记 字第 号

摘要	总账科目	明细科目	借方金额										贷方金额										√	
			亿	仟	百	十	万	千	百	十	元	角	分	亿	仟	百	十	万	千	百	十	元	角	分	单
																									据
																									张
																									附
																									件
																									张
合 计																									

会计主管: 记账: 审核: 填证:

实训表4

记账凭证   总号

年 月 日   记 字第 号

摘要	总账科目	明细科目	借方金额										贷方金额										√	
			亿	仟	百	十	万	千	百	十	元	角	分	亿	仟	百	十	万	千	百	十	元	角	分	单
																									据
																									张
																									附
																									件
																									张
合 计																									

会计主管: 记账: 审核: 填证:

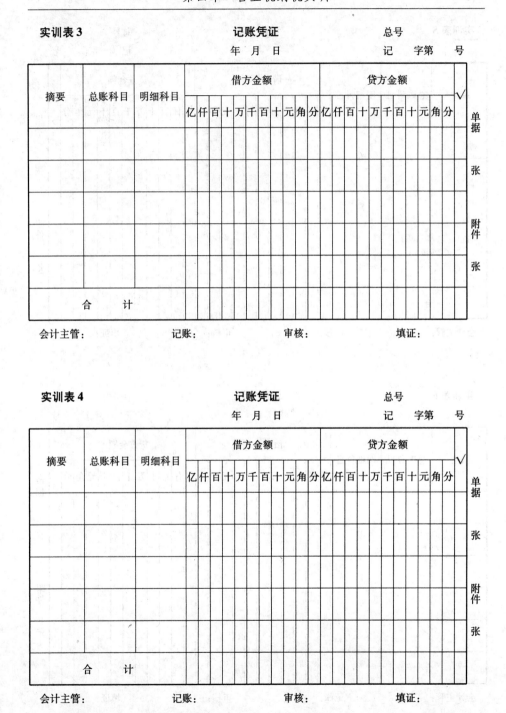

实训表5　　　　　　　　　　　　**记账凭证**　　　　　　总号

年　月　日　　　　　　记　字第　号

摘要	总账科目	明细科目	借方金额										贷方金额										√
			亿	仟	百	十	万	千	百	十	元	角	分	亿	仟	百	十	万	千	百	十	元	角	分
合　　计																							

单据　　张　　附件　　张

会计主管：　　　　记账：　　　　审核：　　　　填证：

实训表6　　　　　　　　　　　　**记账凭证**　　　　　　总号

年　月　日　　　　　　记　字第　号

摘要	总账科目	明细科目	借方金额										贷方金额										√
			亿	仟	百	十	万	千	百	十	元	角	分	亿	仟	百	十	万	千	百	十	元	角	分
合　　计																							

单据　　张　　附件　　张

会计主管：　　　　记账：　　　　审核：　　　　填证：

实训表7

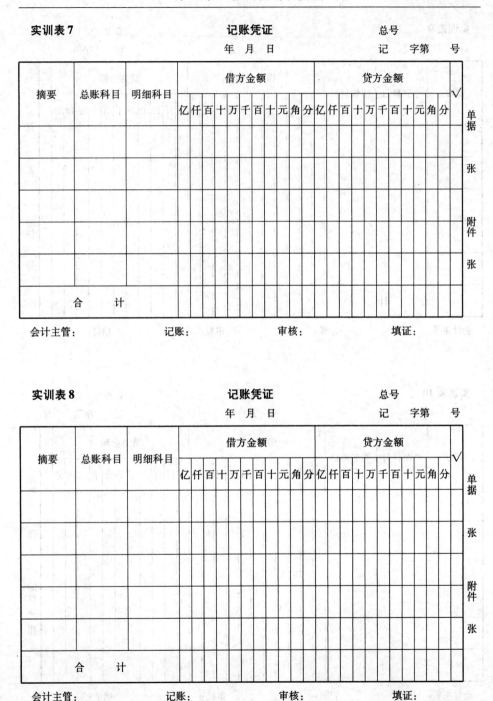

记账凭证　　　　　　总号

年　月　日　　　　　记　字第　　号

摘要	总账科目	明细科目	借方金额										贷方金额										√	
			亿	仟	百	十	万	千	百	十	元	角	分	亿	仟	百	十	万	千	百	十	元	角	分		单据
																									张
																									附件
																									张
合　计																									

会计主管：　　　　　记账：　　　　　审核：　　　　　填证：

实训表8

记账凭证　　　　　　总号

年　月　日　　　　　记　字第　　号

摘要	总账科目	明细科目	借方金额										贷方金额										√	
			亿	仟	百	十	万	千	百	十	元	角	分	亿	仟	百	十	万	千	百	十	元	角	分		单据
																									张
																									附件
																									张
合　计																									

会计主管：　　　　　记账：　　　　　审核：　　　　　填证：

实训表9　　　　　　　　　　　　　**记账凭证**　　　　　　　总号
　　　　　　　　　　　　　　　　　　年　月　日　　　　　记　字第　号

摘要	总账科目	明细科目	借方金额											贷方金额											√
			亿	仟	百	十	万	千	百	十	元	角	分	亿	仟	百	十	万	千	百	十	元	角	分	
合　计																									

会计主管:　　　　　记账:　　　　　审核:　　　　　填证:

实训表10　　　　　　　　　　　　　**记账凭证**　　　　　　　总号
　　　　　　　　　　　　　　　　　　年　月　日　　　　　记　字第　号

摘要	总账科目	明细科目	借方金额											贷方金额											√
			亿	仟	百	十	万	千	百	十	元	角	分	亿	仟	百	十	万	千	百	十	元	角	分	
合　计																									

会计主管:　　　　　记账:　　　　　审核:　　　　　填证:

实训表 11　　　　　　　　　　**营业税纳税申报表**

（适用于查账征收的营业税纳税人）

纳税人识别号：

纳税人名称（公章）：

税款所属时间：自　年　月　日至　年　月　日

填表日期：　年　月　日　　　　　　　　　　　　金额单位：元

税目	营业额				税率(%)	本期税款计算			税款缴纳									
											本期已缴税额				本期应缴税额计算			
	应税收入	应税减除项目金额	应税营业额	免税收入		小计	本期应纳税额	免(减)税额	期初欠缴税额	前期多缴税额	小计	已缴本期应纳税额	本期已被扣缴税额	本期已缴欠缴税额	小计	本期期末应缴税额	本期期末应缴欠缴税额
1	2	3	4=2+3	5	6	7=8+9	8=(4-5)×6	9=5×6	10	11	12=13+14+15	13	14	15	16=17+18	17=8-13-14	18=10-11-15
合计																	
代扣代缴项目																	
总计																	

纳税人或代理人声明： 此纳税申报表是根据国家税收法律的规定填报的，我确定它是真实的、可靠的、完整的。	如纳税人填报，由纳税人填写以下各栏			
	办税人员 (签章)	财务负责人 (签章)	法定代表人 (签章)	联系电话
	如委托代理人填报，由代理人填写以下各栏			
	代理人名称	经办人 (签章)	联系电话	代理人 (公章)

以下由税务机关填写

受理人：　　　　　　　　　　　　　　　　　受理日期：　年　月　日

受理税务机关（签章）：

本表一式三份，一份纳税人留存，一份主管税务机关留存，一份征收部门留存。

【相关提示】

（1）营业税为价内税，不用区分含税、不含税。

（2）公司购置的税控收款机，增值税专用发票上注明的税款可以直接抵扣营业税税额。

【总结和体会】

【教师评价】

【实训资料二】

一、模拟企业概况

企业名称：欢唱卡拉 OK 歌舞厅

企业性质：私营企业

公司法人代表：胡杨

企业地址：厦门市坊湖路 668 号

单位电话：5899589

所属行业：娱乐业

开户银行及账号：工商银行坊湖支行　9558000000001245

纳税人识别号：350211100000008

办税人员：李静

二、实训操作资料

欢唱歌舞厅 2010 年 3 月经营业务如下：取得门票收入 130000 元，饮料收入 45000 元，点歌收入 28000 元，当地税务局核定该歌舞厅按 20% 的税率计算应缴纳的营业税。

【实训操作】

（1）计算欢唱歌舞厅应纳营业税税额并填写《营业税通用计算表》（金额保留 2 位小数）。

（2）根据上述业务编制营业税的记账凭证。

（3）根据上述业务填制该单位 2010 年 3 月《营业税纳税申报表》。

实训表1　　　　　　　　　　**营业税通用计算表**

单位：元

适用税率	
应纳税营业额	
应纳营业税额	

实训表2　　　　　　　　　**记账凭证**　　　　　总号

年　月　日　　　　　　　记　字第　号

摘要	总账科目	明细科目	借方金额										贷方金额										√
			亿	仟	百	十	万	千	百	十	元	角	分	亿	仟	百	十	万	千	百	十	元	角	分
合　　　计																							

单据　　张　　附件　　张

会计主管：　　　　记账：　　　　　　审核：　　　　　　填证：

实训表3　　　　　　　　**营业税纳税申报表**

（适用于查账征收的营业税纳税人）

纳税人识别号：

纳税人名称（公章）：

税款所属时间：自　年　月　日至　年　月　日

填表日期：　　年　月　日　　　　　　　　　　　金额单位：元

税目	营业额				税率（%）	本期税款计算			税款缴纳									
									期初欠缴税额	前期多缴税额	本期已缴税额				本期应缴税额计算		
	应税收入	应税减除项目金额	应税营业额	免税收入		小计	本期应纳税额	免（减）税额			小计	已缴本期应纳税额	本期被扣缴税额	本期已缴欠缴税额	小计	本期期末应缴税额	本期期末应缴欠缴税额
1	2	3	4=2+3	5	6	7=8+9	8=(4-5)×6	9=5×6	10	11	12=13+14+15	13	14	15	16=17+18	17=8-13-14	18=10-11-15
合计																	
代扣代缴项目																	
总计																	

纳税人或代理人声明：此纳税申报表是根据国家税收法律的规定填报的，我确定它是真实的、可靠的、完整的。	如纳税人填报，由纳税人填写以下各栏			
	办税人员（签章）	财务负责人（签章）	法定代表人（签章）	联系电话
	如委托代理人填报，由代理人填写以下各栏			
	代理人名称	经办人（签章）	联系电话	代理人（公章）

以下由税务机关填写

受理人：　　　　　　　　　　　　　　　　　　受理日期：　　年　月　日

受理税务机关（签章）：

本表一式三份，一份纳税人留存，一份主管税务机关留存，一份征收部门留存。

【总结和体会】

【教师评价】

【实训资料三】

一、模拟企业概况

企业名称：广发房地产公司

企业性质：私营企业

企业法人代表：张强

企业地址：北京市朝阳区故宫路 368 号　电话：010-87131569

所属行业：建筑业

开户银行及账号：中国建设银行朝阳支行　9558006920601245

纳税人识别号：110211657895663

办税人员：王玲

二、实训操作资料

该公司 2010 年 10 月具体经营业务如下：

（1）10 月 8 日，开发部自建统一规格和标准的楼房 4 栋，建筑安装总成本为 6000 万元（核定的成本利润率为 15%）。

（2）10 月 12 日，该公司将其中一栋留作自用，一栋对外销售，取得销售收入 2500 万元。

（3）10 月 15 日，将另一栋投资入股某企业，现将其股权的 60% 出让，取得收入 1500 万元。

（4）10 月 18 日，将最后一栋抵押给某银行以取得贷款，抵减应付银行利息 100 万元。该公司还转让一处正在进行土地开发，但尚未进入施工阶段的在建项目，取得收入 2000 万元。

（5）10 月 20 日，该公司物业部收取的物业费为 220 万元，其中代业主支付的水费、电费、燃气费共 110 万元。

（6）10 月 23 日，该公司下设非独立核算的汽车队取得运营收入 300 万元，支付给其他单位的承运费 150 万元。

（7）10 月 26 日，销售货物并负责运输取得的收入为 100 万元。

【实训操作】

（1）编制会计分录并填制记账凭证。

（2）计算该公司 2010 年 10 月应缴纳的营业税。

（3）根据上述业务填制《营业税纳税申报表》。

实训表 1

记账凭证　　　　　　　总号

年　月　日　　　　　记　字第　号

摘要	总账科目	明细科目	借方金额										贷方金额										√	单据
			亿	仟	百	十	万	千	百	十	元	角	分	亿	仟	百	十	万	千	百	十	元	角	分	
																									张
																									附件
																									张
合　　计																									

会计主管：　　　　　记账：　　　　　审核：　　　　　填证：

实训表 2

记账凭证　　　　　　　总号

年　月　日　　　　　记　字第　号

摘要	总账科目	明细科目	借方金额										贷方金额										√	单据
			亿	仟	百	十	万	千	百	十	元	角	分	亿	仟	百	十	万	千	百	十	元	角	分	
																									张
																									附件
																									张
合　　计																									

会计主管：　　　　　记账：　　　　　审核：　　　　　填证：

实训表 3

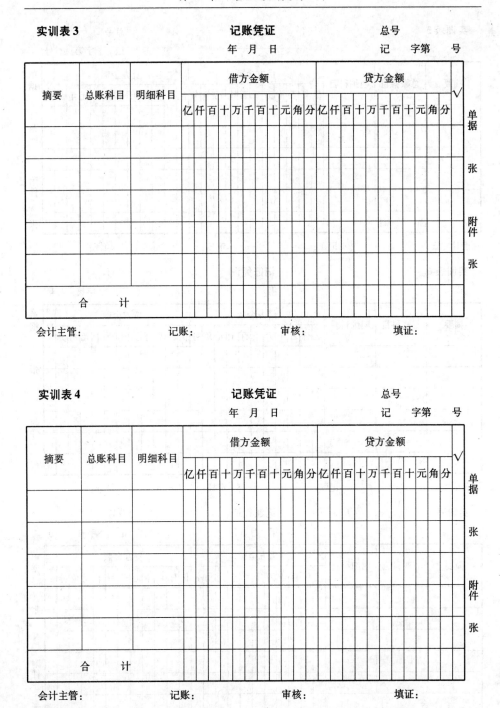

记账凭证　　　　　总号

年 月 日　　　　　记 字第 号

摘要	总账科目	明细科目	借方金额										贷方金额										√
			亿	仟	百	十	万	千	百	十	元	角	分	亿	仟	百	十	万	千	百	十	元	角	分
合　计																								

单据 张 附件 张

会计主管：　　　　　记账：　　　　　审核：　　　　　填证：

实训表 4

记账凭证　　　　　总号

年 月 日　　　　　记 字第 号

摘要	总账科目	明细科目	借方金额										贷方金额										√
			亿	仟	百	十	万	千	百	十	元	角	分	亿	仟	百	十	万	千	百	十	元	角	分
合　计																								

单据 张 附件 张

会计主管：　　　　　记账：　　　　　审核：　　　　　填证：

实训表 5　　　　　　　　　　　　　　**记账凭证**　　　　　　　　　　总号
　　　　　　　　　　　　　　　　　　　年　月　日　　　　　　　　记　字第　号

摘要	总账科目	明细科目	借方金额										贷方金额										√	单据
			亿	仟	百	十	万	千	百	十	元	角	分	亿	仟	百	十	万	千	百	十	元	角	分	
																									张
																									附件
合　计																									张

会计主管：　　　　　　　记账：　　　　　　　审核：　　　　　　　填证：

实训表 6　　　　　　　　　　　　　　**记账凭证**　　　　　　　　　　总号
　　　　　　　　　　　　　　　　　　　年　月　日　　　　　　　　记　字第　号

摘要	总账科目	明细科目	借方金额										贷方金额										√	单据
			亿	仟	百	十	万	千	百	十	元	角	分	亿	仟	百	十	万	千	百	十	元	角	分	
																									张
																									附件
合　计																									张

会计主管：　　　　　　　记账：　　　　　　　审核：　　　　　　　填证：

实训表 7　　　　　　　　　　　　　　**记账凭证**　　　　　　　　　　总号
　　　　　　　　　　　　　　　　　　　年　月　日　　　　　　　　记　字第　号

摘要	总账科目	明细科目	借方金额										贷方金额										√	单据
			亿	仟	百	十	万	千	百	十	元	角	分	亿	仟	百	十	万	千	百	十	元	角	分	
																									张
																									附件
合　计																									张

会计主管：　　　　　　　记账：　　　　　　　审核：　　　　　　　填证：

实训表 8　　　　　　　　**营业税纳税申报表**

（适用于查账征收的营业税纳税人）

纳税人识别号：

纳税人名称（公章）：

税款所属时间：自　年　月　日至　年　月　日

填表日期：　　年　月　日　　　　　　　　　　　　　　　金额单位：元

税目	营业额				税率（%）	本期税款计算			税款缴纳								
									期初前期欠缴税额		本期已缴税额				本期应缴税额计算		
	应税收入	应税减除项目金额	应税营业额	免税收入		小计	本期应纳税额	免(减)税额			小计	已缴本期应纳税额	本期已被扣缴税额	本期已欠缴税额	小计	本期期末应缴税额	本期期末应缴欠缴税额
1	2	3	4=2+3	5	6	7=8+9	8=(4-5)×6	9=5×6	10	11	12=13+14+15	13	14	15	16=17+18	17=8-13-14	18=10-11-15
合计																	
代扣代缴项目																	
总计																	

纳税人或代理人声明：　此纳税申报表是根据国家税收法律的规定填报的，我确定它是真实的、可靠的、完整的。	如纳税人填报，由纳税人填写以下各栏			
	办税人员（签章）	财务负责人（签章）	法定代表人（签章）	联系电话
	如委托代理人填报，由代理人填写以下各栏			
	代理人名称	经办人（签章）	联系电话	代理人（公章）

以下由税务机关填写

受理人：　　　　　　　　　　　　　　　　　　　　受理日期：　　年　月　日

受理税务机关（签章）：

本表一式三份，一份纳税人留存，一份主管税务机关留存，一份征收部门留存。

【相关提示】

（1）自建商品房自用的，不缴纳营业税。

自建商品房对外销售的，应缴纳两个税目的营业税，先按建筑业3%的税率缴纳营业税，然后再按销售不动产5%的税率缴纳营业税。

自建不动产投资，如果不共担风险，要按照销售不动产5%的营业税税率征税。

（2）联运业务以纳税人实际取得的收入为营业额，支付给承运者的运费可以从计税营业额中扣除；销售货物并负责运输，属于应征增值税的混合销售。

（3）物业部应当以收取的物业费减去代业主支付的水费、电费、燃气费后的余额计税。

【总结和体会】

【教师评价】

【实训资料四】

一、模拟企业概况

企业名称：武汉速传运输有限公司

企业性质：私营企业

企业法定代表人：刘建国

企业地址：武汉市彭刘杨路18号

开户银行及账号：中国建设银行紫阳路支行　9558654879234567826

纳税人识别号：410104795357238

企业办税员：李小玉

二、实训操作资料

速传公司主营业务为汽车货物运输，经主管税务机关批准使用运输企业发票，是按"交通运输业"税目征收营业税的单位。该公司2011年1月具体经营业务如下：

（1）1月4日，取得运输货物收入1200万元，其中运输货物出境取得收入100万元，运输货物入境取得收入100万元，支付给其他运输企业的运费（由速传公司统一收取价款）200万元。

（2）1月7日，销售货物并负责运输所售货物共取得收入300万元。

（3）1月10日，派本单位卡车司机赴S国为该国某公司提供劳务，速传公司取得收入50万元。

（4）1月13日，附设非独立核算的搬家公司取得收入20万元。

（5）1月18日，为天津市四通有限公司运输白酒10吨，每吨收入8万元，共取得收入80万元。

（6）1月21日，运输建筑材料一批，共取得运输收入150万元，代收公路建设基金2000元。

（7）1月24日，境内运输收入50000元，国际海运收费总额250000元，其中由美国公司承担的应转付的运费为10000美元，记账日汇率为1:7.47。

（8）1月27日，为厦门远大实业有限公司运输化妆品，共取得运输收入98万元。

【实训操作】

（1）编制会计分录并填制记账凭证。

（2）计算该公司2011年1月应缴纳的营业税。

（3）根据上述业务填制《营业税纳税申报表》。

实训表1　　　　　　　　　　**记账凭证**　　　　　　　总号

年　月　日　　　　　　　　　　记　字第　　号

摘要	总账科目	明细科目	借方金额										贷方金额										√
			亿	仟	百	十	万	千	百	十	元	角	分	亿	仟	百	十	万	千	百	十	元	角	分
合　计																								

会计主管：　　　　　记账：　　　　　审核：　　　　　填证：

实训表2

记账凭证　　　　　　　　　　　总号

年　月　日　　　　　　　　记　字第　号

摘要	总账科目	明细科目	借方金额										贷方金额										√
			亿	仟	百	十	万	千	百	十	元	角	分	亿	仟	百	十	万	千	百	十	元	角	分
合　计																							

会计主管：　　　　　记账：　　　　　审核：　　　　　填证：

单据　张　附件　张

实训表3

记账凭证　　　　　　　　　　　总号

年　月　日　　　　　　　　记　字第　号

摘要	总账科目	明细科目	借方金额										贷方金额										√
			亿	仟	百	十	万	千	百	十	元	角	分	亿	仟	百	十	万	千	百	十	元	角	分
合　计																							

会计主管：　　　　　记账：　　　　　审核：　　　　　填证：

单据　张　附件　张

实训表4

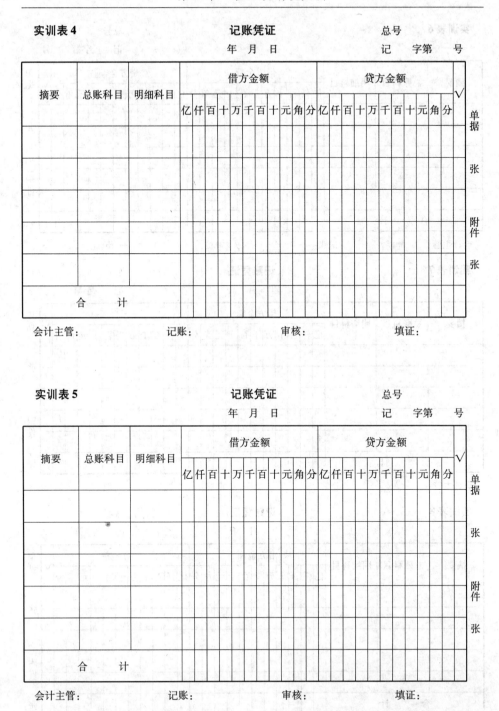

记账凭证　　　　　　　总号

年　月　日　　　　　　　记　字第　号

摘要	总账科目	明细科目	借方金额										贷方金额										√
			亿	仟	百	十	万	千	百	十	元	角	分	亿	仟	百	十	万	千	百	十	元	角	分	
合　计																								

会计主管：　　　　　记账：　　　　　审核：　　　　　填证：

实训表5

记账凭证　　　　　　　总号

年　月　日　　　　　　　记　字第　号

摘要	总账科目	明细科目	借方金额										贷方金额										√
			亿	仟	百	十	万	千	百	十	元	角	分	亿	仟	百	十	万	千	百	十	元	角	分	
合　计																								

会计主管：　　　　　记账：　　　　　审核：　　　　　填证：

实训表 6

记账凭证

年 月 日

总号

记 字第 号

摘要	总账科目	明细科目	借方金额										贷方金额										√	单据
			亿	仟	百	十	万	千	百	十	元	角	分	亿	仟	百	十	万	千	百	十	元	角	分	
																									张
																									附件
合 计																									张

会计主管: 记账: 审核: 填证:

实训表 7

记账凭证

年 月 日

总号

记 字第 号

摘要	总账科目	明细科目	借方金额										贷方金额										√	单据
			亿	仟	百	十	万	千	百	十	元	角	分	亿	仟	百	十	万	千	百	十	元	角	分	
																									张
																									附件
合 计																									张

会计主管: 记账: 审核: 填证:

实训表 8

记账凭证

年 月 日

总号

记 字第 号

摘要	总账科目	明细科目	借方金额										贷方金额										√	单据
			亿	仟	百	十	万	千	百	十	元	角	分	亿	仟	百	十	万	千	百	十	元	角	分	
																									张
																									附件
合 计																									张

会计主管: 记账: 审核: 填证:

实训表 9

营业税纳税申报表

（适用于查账征收的营业税纳税人）

纳税人识别号：

纳税人名称（公章）：

税款所属时间：自 年 月 日至 年 月 日

填表日期： 年 月 日　　　　　　　　　　　　　　　金额单位：元

税目	营业额				税率（%）	本期税款计算			税款缴纳								
										期初欠缴税额	前期多缴税额	本期已缴税额				本期应缴税额计算		
	应税收入	应税减除项目金额	应税营业额	免税收入		小计	本期应纳税额	免(减)税额			小计	已缴本期应纳税额	本期已被扣缴税额	本期已缴欠税额	小计	本期期末应缴税额	本期期末应缴欠缴税额
1	2	3	4=2+3	5	6	7=8+9	8=(4-5)×6	9=5×6	10	11	12=13+14+15	13	14	15	16=17+18	17=8-13-14	18=10-11-15
合计																	
代扣代缴项目																	
总计																	

纳税人或代理人声明： 此纳税申报表是根据国家税收法律的规定填报的，我确定它是真实的、可靠的、完整的。	如纳税人填报，由纳税人填写以下各栏						
	办税人员（签章）		财务负责人（签章）		法定代表人（签章）		联系电话
	如委托代理人填报，由代理人填写以下各栏						
	代理人名称		经办人（签章）		联系电话		代理人（公章）

以下由税务机关填写

受理人：　　　　　　　　　　　　　　　　　　　受理日期： 年 月 日

受理税务机关（签章）：

本表一式三份，一份纳税人留存，一份主管税务机关留存，一份征收部门留存。

【相关提示】

（1）该公司将货物运输出境取得收入不属于营业税范围，支付给其他企业的运费应扣除。

（2）运输企业销货并负责运输应征收增值税。

（3）派员工赴国外为境外公司提供劳务取得的收入，不属于在境内提供劳务，不征营业税。

（4）搬家公司收入应按运输业征收营业税。

【总结和体会】

【教师评价】

第五章　资源税类纳税实训

第一节　资源税纳税实训

【实训目的】

（1）练习资源税应纳税额的计算。

（2）练习资源税涉税会计核算，并编制相关的会计分录。

（3）练习资源税的申报缴纳。

【知识链接】

（一）《资源税纳税申报表》填写说明

1. 应税项目：按以下项目分别填写：

（1）原油。

（2）天然气。

（3）煤炭。

（4）其他非金属矿原矿征收范围中的石灰石项目单独填写。

（5）黑色金属矿原矿征收范围中的铁矿石项目单独填写。

（6）有色金属矿原矿征收范围按以下项目分别填写：①铜矿石。②铝土矿。③其他有色金属矿原矿。

（7）盐按固体盐、液体盐项目分别填写。

2. 资源等级：根据国家规定填写。

3. 储量：填写国家有关部门测定的资源储量。

4. 产量：申报所属时期的产量。

5. 计量单位：吨，立方米，千立方米，克拉，50 立方米挖出量。

6. 计税数量：申报所属时期的自用量、销售数量。

7. 税率：根据资源税税目税率明细表填写。

8. 应纳税额=销售额或销售量×适用税率。

9. 应补（退）税额=应纳税额-已纳税额-减免税额-批准缓税额。

10. 本表为 A4 纸横式一式两联，一联纳税人留存，一联主管税务机关留存。

（二）资源税改革

2011 年 9 月 21 日国务院第 173 次常务会议通过《国务院关于修改〈中华人民共和国资源税暂行条例〉的决定》，将在我国境内开采石油、天然气的计征方法改为从价计征，同时对资源税的税目税率进行了调整。

开采石油、天然气，采用比例税率，从价计征，应纳税额=销售额×适用税率。适用税率为幅度比例税率 5%～10%。

开采生产其他资源品，采用从量计征，定额税率，应纳税额=销售数量×单位税额。适用单位税额采用品种差别幅度税额。

【实训资料一】

一、模拟企业概况

纳税人名称：**繁星集团**

主营业务：矿石开采及销售

企业法人代表：王刚

企业地址及电话：武汉市洪山区书城路 134 号　027–87858888

开户银行及账号：民生银行武汉分行　23445

税务登记号：420101300056784

二、实训操作资料

繁星集团为一家开采铁矿石的企业，拥有自己的独立矿山，开采的矿石全部用于对外销售。2009 年 8 月的业务如下：

（1）开采销售铁矿石原矿 1.5 万吨，在开采铁矿石的过程中，还开采销售了伴生矿锰矿石 2400 吨，铬矿石 1200 吨。

（2）在矿山另一个采点开采并销售了瓷土原矿 3000 吨。

已知该矿山铁矿石原矿的每吨税额为 16 元，锰矿石、铬矿石和瓷土原矿的单位税额分别 2 元/吨、3 元/吨、3 元/吨。

【实训操作】

（1）计算繁星集团 2009 年 8 月应缴纳的资源税。

（2）做相应账务处理。

（3）填制《资源税纳税申报表》。

实训表1

资源税纳税申报表

填表日期： 年 月 日 至 年 月 日　　　　金额单位：吨、立方米、克拉、元（列至角、分）

纳税人认识别号

税款所属时期　　　　　年 月 日至 年 月 日

纳税人名称

应税项目	资源等级	储量	产量	期初开采	当期开采	当期销售	当期自用	当期免税自用	计量单位	计税数量		单位税额	应纳税额	已纳税额	减免税额	批准缓税额	应补（退）税额
										自用量	销量						
1	2	3	4	5	6	7	8	9	10	11=8-9	12	13	14=(11+12)×13	15	16	17	18=14-15-16-17
合计																	

如纳税人填报，由纳税人填写以下各栏

合计主管（签章）　　　　经办人（签章）

申报声明：此纳税申报表是根据国家税收法律的规定填报的，我确信它是真实的、可靠的、完整的。

声明人：（法定代表人签字或盖章）（公章）

如委托税务代理机构填报，由税务代理机构填写以下各栏

税务代理机构名称

税务代理机构地址

代理人（签章）　　　联系电话

税务代理机构（公章）

以下由税务机关填写

收到申报表日期　　　接收人

×××税务局监制

【总结和体会】

【教师评价】

【实训资料二】

　　某盐场 2008 年 3 月 5 日生产液体盐 20 万吨，其中 5 万吨直接对外销售，15 万吨用于继续加工固体盐 10 万吨（其中当月售出 7 万吨；2 万吨继续加工成精制盐 1.8 万吨，也已全部售出；1 万吨库存）。此外，当月还外购液体盐 3 万吨，全部加工成固体盐 2.5 万吨，本月已出售 2 万吨。当地固体盐单位税额为 12 元/吨，液体盐单位税额为 3 元/吨。请计算本案例中盐场应缴纳多少资源税？

【实训操作】

　　（1）计算该盐场本期应纳资源税税额。

　　（2）做出相应账务处理。

　　（3）填报该盐场本期《资源税纳税申报表》。

实训表2

资源税纳税申报表

填表日期：　年　月　日　　　　　　　金额单位：吨、立方米、克拉、元（列至角、分）

纳税人识别号

税款所属时期　年　月　日至　年　月　日

纳税人名称

应税项目	资源等级	储量	产量	期初开采	当期开采	当期销售	当期自用	当期免税自用	计量单位	计税数量 自用量	计税数量 销量	单位税额	应纳税额	已纳税额	减免税额	批准缓税额	应补（退）税额
1	2	3	4	5	6	7	8	9	10	11=8−9	12	13	14=(11+12)×13	15	16	17	18=14−15−16−17
合　计																	

如纳税人填报，由纳税人填写以下各栏

如委托税务代理机构填报，由税务代理机构填写以下各栏

会计主管（签章）	经办人（签章）	税务代理机构名称		税务代理机构
		税务代理机构地址		（公章）
申报声明	此纳税申报表是根据国家税收法律的规定填报的，我确信它是真实的、可靠的、完整的。 声明人： （法定代表人签字或盖章） （公章）	代理人（签章）	联系电话	

以下由税务机关填写

收到申报表日期	接收人	×××税务局监制

【相关提示】

（1）纳税人以自产的液体盐加工固体盐，按固体盐税额征税，以加工的固体盐数量为课税数量。

（2）纳税人以外购的液体盐加工固体盐，其加工固体盐所耗用液体盐的已纳税额准予抵扣。

【总结和体会】

【教师评价】

第二节　土地增值税纳税实训

【实训目的】

（1）练习土地增值税应纳税额的计算。

（2）练习土地增值税涉税会计核算，并编制相关会计分录。

（3）练习土地增值税的申报缴纳。

【知识链接】

（一）《土地增值税纳税申报表（一）》填表说明

1. 适用范围。

《土地增值税纳税申报表（一）》适用于凡从事房地产开发并转让的土地增值税纳税人。其转让已经完成开发的房地产并取得转让收入，或者是预售正在开发的房地产并取得预售收入的，应按照税法和本表要求，根据税务机关确定的申报时间，定期向主管税务机关填报《土地增值税纳税申报表（一）》，进行纳税申报。

2. 《土地增值税纳税申报表（一）》主要项目填表说明。

（1）表头项目。

①纳税人编码：按税务机关编排的代码填写。

②项目名称：填写纳税人所开发并转让的房地产开发项目的全称。

③经济性质：按所有制性质或资本构成形式分为国有、集体、私营、个

体、股份制、外商投资和外国企业等类型填写。

④业别：填写纳税人办理工商登记时所确定的主营行业类别。

⑤主管部门：按纳税人隶属的管理部门或总机构填写。外商投资企业不填。

⑥开户银行：填写纳税人开设银行账户的银行名称；如果纳税人在多个银行开户的，填写其主要经营账户的银行名称。

⑦银行账号：填写纳税人开设的银行账户的号码；如果纳税人拥有多个银行账户的，填写其主要经营账户的号码。

（2）表中项目。《土地增值税纳税申报表（一）》中各主要项目内容，应根据土地增值税的基本计税单位作为填报对象。纳税人如果在规定的申报期内转让两个或两个以上计税单位的房地产，对每个计税单位应分别填写一份申报表。

纳税人如果既从事普通标准住宅开发，又进行其他房地产开发的，应分别填写《土地增值税纳税申报表（一）》。

①第1行"转让房地产收入总额"，按纳税人转让房地产开发项目所取得的全部收入额填写。

②第2行"货币收入"，按纳税人转让房地产开发项目所取得的货币形态的收入额填写。

③第3行"实物收入及其他收入"，按纳税人转让房地产开发项目所取得的实物形态的收入和无形资产等其他形式的收入额填写。

④第5行"取得土地使用权所支付的金额"，按纳税人为取得该房地产开发项目所需要的土地使用权而实际支付（补缴）的土地出让金（地价款）及按国家统一规定缴纳的有关费用的数额填写。

⑤第7～12行，应根据《细则》规定的从事房地产开发所实际发生的各项开发成本的具体数额填写。要注意，如果有些房地产开发成本是属于整个房地产项目的，而该项目同时包含了两个或两个以上的计税单位，要对该成本在各计税项目之间按一定比例进行分摊。

⑥第14行"利息支出"，按纳税人进行房地产开发实际发生的利息支出中符合《细则》第七条（三）规定的数额填写。如果不单独计算利息支出的，则本栏数额填写为"0"。

⑦第15行"其他房地产开发费用"，应根据《细则》第七条（三）的规定填写。

⑧第17～19行，按纳税人转让房地产时所实际缴纳的税金数额填写。

⑨第 20 行"财政部规定的其他扣除项目",是指根据《条例》和《细则》等有关规定所确定的财政部规定的扣除项目的合计数。

⑩第 23 行"适用税率",应根据《条例》规定的四级超率累进税率,按所适用的最高一级税率填写;如果纳税人建造普通标准住宅出售,增值额未超过扣除项目金额 20% 的,本栏填写"0"。

⑪第 24 行"速算扣除系数",应根据《细则》第 10 条的规定找出相关速算扣除系数来填写。

⑫第 26 行"已缴土地增值税税额",按纳税人已经缴纳的土地增值税的数额填写。

(二)《土地增值税纳税申报表(二)》填表说明

1. 适用范围。

《土地增值税纳税申报表(二)》适用于非从事房地产开发的纳税人。该纳税人应在签订房地产转让合同后的 7 日内,向房地产所在地主管税务机关填报《土地增值税纳税申报表(二)》。

2.《土地增值税纳税申报表(二)》主要项目填表说明。

(1)表头项目。

①纳税人编码:按税务机关编排的代码填写。

②项目名称:填写纳税人转让的房地产项目全称。

③经济性质:按所有制性质或资本构成形式分为国有、集体、私营、个体、股份制、外商投资企业等类型填写。

④业别:按纳税人的行业性质分为行政单位、事业单位、企业、个人等。

⑤主管部门:按纳税人隶属的管理部门或总机构填写。外商投资企业不填。

(2)表中项目。《土地增值税纳税申报表(二)》的各主要项目内容,应根据纳税人转让的房地产项目作为填报对象。纳税人如果同时转让两个或两个以上房地产的,应分别填报。

①第 1 行"转让房地产收入总额",按纳税人转让房地产所取得的全部收入额填写。

②第 2 行"货币收入",按纳税人转让房地产所取得的货币形态的收入额填写。

③第 3 行"实物收入及其他收入",按纳税人转让房地产所取得的实物形态的收入和无形资产等其他形式的收入额填写。

④第 5 行"取得土地使用权所支付的金额",按纳税人为取得该转让房地

产项目的土地使用权而实际支付（补缴）的土地出让金（地价款）数额及按国家统一规定缴纳的有关费用填写。

⑤第6行"旧房及建筑物的评估价格"，是指根据《条例》和《细则》等有关规定，按重置成本法评估旧房及建筑物并经当地税务机关确认的评估价格的数额。本栏由第7行与第8行相乘得出。如果本栏数额能够直接根据评估报告填报，则本表第7行、第8行可以不必再填报。

⑥第7行"旧房及建筑物的重置成本价"，是指按照《条例》和《细则》规定，由政府批准设立的房地产评估机构评定的重置成本价。

⑦第8行"成新度折扣率"，是指按照《条例》和《细则》规定，由政府批准设立的房地产评估机构评定的旧房及建筑物的新旧程度折扣率。

⑧第10～13行，按纳税人转让房地产时实际缴纳的有关税金的数额填写。

⑨第16行"适用税率"，应根据《条例》规定的四级超率累进税率，按所适用的最高一级税率填写。

⑩第17行"速算扣除系数"，应根据《细则》第10条的规定找出相关速算扣除系数填写。

【实训资料一】

一、模拟企业概况

纳税人名称：红星房地产开发公司

主营业务：房地产开发与商品房销售

企业法人代表：付雨润

企业地址及电话：武汉市青山区苏家湾123号　027-87858888

开户银行及账号：中国工商银行青山分行　9558611817700012345

税务登记号：4201013000121315

二、实训操作资料

红星房地产开发公司2010年10月开发完成住宅项目一个。本期取得转让房地产收入总额10000000元。为进行该项目开发，支付的地价及相关税费1000000元，项目开发成本3000000元，与转让房地产有关的税金550000元，当地政府规定开发费用扣除比例为5%。

【实训操作】

（1）计算红星房地产开发公司2010年应缴纳的土地增值税。

（2）填制《土地增值税纳税申报表（一）》。

（3）做相应的账务处理。

实训表1　　　　**土地增值税纳税申报表（一）**

（从事房地产开发的纳税人适用）

税款所属时间：　年　月　日至　年　月　日　　填表日期：　年　月　日

纳税人编码：　　　　　　　　　　　　金额单位：人民币元　面积单位：平方米

纳税人名称		项目名称		项目地址	
业别		经济性质		纳税人地址		邮政编码	
开户银行		银行账号		主管部门		电话	

项　目	行次	金　额
一、转让房地产收入总额　1＝2＋3	1	
其中　货币收入	2	
实物收入及其他收入	3	
二、扣除项目金额合计　4＝5＋6＋13＋16＋20	4	
1. 取得土地使用权所支付的金额	5	
2. 房地产开发成本　6＝7＋8＋9＋10＋11＋12	6	
其中　土地征用及拆迁补偿费	7	
前期工程费	8	
建筑安装工程费	9	
基础设施费	10	
公共配套设施费	11	
开发间接费用	12	
3. 房地产开发费用　13＝14＋15	13	
其中　利息支出	14	
其他房地产开发费用	15	
4. 与转让房地产有关的税金等　16＝17＋18＋19	16	
其中　营业税	17	
城市维护建设税	18	
教育费附加	19	
5. 财政部规定的其他扣除项目	20	

续表

项　目	行次	金　额
三、增值额　21＝1－4	21	
四、增值额与扣除项目金额之比（％）　22＝21÷4	22	
五、适用税率（％）	23	
六、速算扣除系数（％）	24	
七、应缴土地增值税税额　25＝21×23－4×24	25	
八、已缴土地增值税税额	26	
九、应补（退）土地增值税税额　27＝25－26	27	

授权代理人	（如果你已委托代理申报人，请填写下列资料） 　　为代理一切税务事宜，现授权 　　（地址）　　　　　　　为本纳税人的代理申报人，任何与本报表有关的来往文件都可寄予此人。 　　授权人签字：	声明	我声明：此纳税申报表是根据《中华人民共和国土地增值税暂行条例》及其《实施细则》的规定填报的。我确信它是真实的、可靠的、完整的。 　　声明人签字：

纳税人 （签章）		法人代表 （签章）		经办人员（代理申报人） （签章）		备注	

以下部分由主管税务机关负责填写

主管税务机关收到日期		接收人		审核日期		税务审核 人员签章	
审核记录						主管税务 机关盖章	

实训表 2 　　　　　　　**土地增值税项目登记表**

(从事房地产开发的纳税人适用)

纳税人编码：　　　　　　填表日期：　　年　月　日

金额单位：人民币元　面积单位：平方米

纳税人名称		项目名称		项目地址	
业别		经济性质		主管部门	
开户银行		银行账号			
地址		邮政编码		电话	
土地使用权受让 (行政划拨)合同号			受让(行政 划拨)时间		
建设项目起讫时间		总预算成本		单位预算成本	
项目详细坐落地点					
开发土地总面积		开发建筑总面积		房地产转让合同名称	
转让土地面积 (按次填写)		转让建筑面积 (按次填写)		转让合同签订日期 (按次填写)	
第1次					
第2次					
⋮					
纳税人 盖章		法人代表 签章	经办人员 (代理申报人) 签章		备注
以下部分由主管税务机关负责填写					
税务机关受理登记日期			税务机关受理登记意见		
主管税务人员签字					
主管税务机关盖章					

《土地增值税项目登记表》填表说明：

(1) 本表适用于从事房地产开发与建设的纳税人，在立项后及每次转让时填报。

(2) 凡从事新建房及配套设施开发的纳税人，均应在规定的期限内，据实向主管税务机关填报本表所列内容。

(3) 本表栏目的内容如果没有，可以空置不填。

（4）纳税人在填报《土地增值税项目登记表》时，应同时向主管税务机关提交土地使用权受让合同、房地产转让合同等有关资料。

（5）本表一式三份，送主管税务机关审核盖章后，两份由地方税务机关留存，一份退纳税单位。

【相关提示】

（1）从事房地产开发与建设的纳税人，在立项后及每次转让时填报《土地增值税项目登记表》。

（2）项目全部竣工结算前转让房地产的，纳税人在项目全部竣工结算前转让房地产取得的收入，由于涉及成本核算或其他原因，无法据实计算土地增值税的，可以预征土地增值税，在该项目全部竣工办理结算后再进行清算，根据应征税额和已征税额进行清算，多退少补。

【总结和体会】

【教师评价】

【实训资料二】

一、模拟企业概况

企业名称：宏远进出口贸易公司

企业性质：股份公司

企业法人代表：张三

企业地址：武汉市洪山区楚雄大道 606 号

单位电话：027-87181839

税务登记号：420100298211333

开户银行及账号：中国工商银行楚雄支行 456789-1

二、实训操作资料

宏远进出口贸易公司买进土地及地上建筑物，价值 500 万元。三年后，该企业将土地使用权连同地上建筑物一并转让 A 企业，取得转让收入 900 万元。假设转让过程中企业上缴 5% 的营业税，7% 的城市维护建设税，3% 的教育费附加。转让时该建筑物已提折旧 40 万元。

【实训操作】

（1）计算宏远进出口贸易公司应缴纳的土地增值税。

（2）做相应账务处理。

（3）填制《土地增值税纳税申报表（二）》。

实训表1　　　　　　　**土地增值税纳税申报表（二）**

（非从事房地产开发的纳税人适用）

税款所属时间：　　年　月　日至　　年　月　日　　填表日期：　　年　月　日

纳税人编码：　　　　　　　　　金额单位：人民币元　　面积单位：平方米

纳税人名称		项目名称		项目地址	
业别		经济性质		纳税人地址		邮政编码	
开户银行		银行账号		主管部门		电话	

项　目	行次	金　额
一、转让房地产收入总额　1 = 2+3	1	
其中　货币收入	2	
实物收入及其他收入	3	
二、扣除项目金额合计　4 = 5+6+9	4	
1. 取得土地使用权所支付的金额	5	
2. 旧房及建筑物的评估价格　6 = 7×8	6	
其中　旧房及建筑物的重置成本价	7	
成新度折扣率（%）	8	
3. 与转让房地产有关的税金等　9 = 10+11+12+13	9	
其中　营业税	10	
城市维护建设税	11	
印花税	12	
教育费附加	13	
三、增值额　14 = 1−4	14	
四、增值额与扣除项目金额之比（%）　15 = 14÷4	15	
五、适用税率（%）	16	
六、速算扣除系数（%）	17	
七、应缴土地增值税税额　18 = 14×16−4×17	18	

授权代理人	（如果你已委托代理申报人，请填写下列资料） 　　为代理一切税务事宜，现授权 　　（地址）　　　　　　为本纳税人的代理申报人，任何与本报表有关的来往文件都可寄予此人。 　　授权人签字：	声明	我声明：此纳税申报表是根据《中华人民共和国土地增值税暂行条例》及其《实施细则》的规定填报的。我确信它是真实的、可靠的、完整的。 　　声明人签字：		
纳税人 （签章）		法人代表 （签章）	经办人员（代理申报人） （签章）		备注	
以下部分由主管税务机关负责填写						
主管税务机关收到日期		接收人	审核日期		税务审核 人员签章	
审核记录					主管税务 机关盖章	

第六章　企业所得税纳税实训

【实训目的】

（1）练习企业所得税应纳税额的计算。

（2）练习企业所得税会计核算，并编制相关会计分录。

（3）练习企业所得税的申报缴纳。

【知识链接】

（一）企业所得税纳税申报的流程

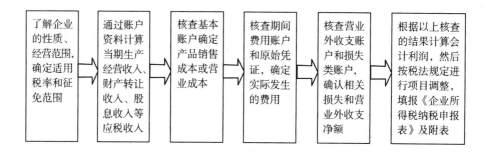

（二）《企业所得税纳税申报表》填写说明

1. 实行查账征收企业所得税的居民纳税人的《中华人民共和国企业所得税年度纳税申报表（A类）》填报说明。

（1）表头项目。

税款所属期间：正常经营的纳税人，填报公历当年1月1日至12月31日；纳税人年度中间开业的，填报实际生产经营之日的当月1日至同年12月31日；纳税人年度中间发生合并、分立、破产、停业等情况的，填报公历当年1月1日至实际停业或法院裁定并宣告破产之日的当月月末；纳税人年度中间开业且年度中间又发生合并、分立、破产、停业等情况的，填报实际生产经营之日的当月1日至实际停业或法院裁定并宣告破产之日的当月月末。

纳税人识别号：填报税务机关统一核发的税务登记证号码。

纳税人名称：填报税务登记证所载纳税人的全称。

（2）表体项目。

本表是在纳税人会计利润总额的基础上，加减纳税调整额后计算出"纳税调整后所得"（应纳税所得额）。会计与税法的差异（包括收入类、扣除类、资产类等差异）通过纳《税调整项目明细表》（附表三）集中体现。

本表包括利润总额计算、应纳税所得额计算、应纳税额计算和附列资料四个部分。

"利润总额计算"中的项目，按照国家统一会计制度口径计算填报。实行企业会计准则的纳税人，其数据直接取自损益表；实行其他国家统一会计制度的纳税人，与本表不一致的项目，按照其利润表项目进行分析填报。

利润总额部分的收入、成本、费用明细项目，一般工商企业纳税人，通过《收入明细表》［附表一（1）］和《成本费用明细表》［附表二（1）］相应栏次填报；金融企业纳税人，通过《金融企业收入明细表》［附表一（2）］、《金融企业成本费用明细表》［附表二（2）］相应栏次填报；事业单位、社会团体、民办非企业单位、非营利组织等纳税人，通过《事业单位、社会团体、民办非企业单位收入项目明细表》［附表一（3）］和《事业单位、社会团体、民办非企业单位支出项目明细表》［附表二（3）］相应栏次填报。

"应纳税所得额计算"和"应纳税额计算"中的项目，除根据主表逻辑关系计算的外，通过附表相应栏次填报。

"附列资料"填报用于税源统计分析的上一纳税年度税款在本纳税年度抵减或入库金额。

（3）行次说明。

① 第1行"营业收入"：填报纳税人主要经营业务和其他业务取得的收入总额。本行根据"主营业务收入"和"其他业务收入"科目的数额计算填报。一般工商企业纳税人，通过《收入明细表》［附表一（1）］计算填报；金融企业纳税人，通过《金融企业收入明细表》［附表一（2）］计算填报；事业单位、社会团体、民办非企业单位、非营利组织等纳税人，通过《事业单位、社会团体、民办非企业单位收入明细表》［附表一（3）］计算填报。

② 第2行"营业成本"项目：填报纳税人主要经营业务和其他经营业务发生的成本总额。本行根据"主营业务成本"和"其他业务成本"科目的数额计算填报。一般工商企业纳税人，通过《成本费用明细表》［附表二（1）］计算填报；金融企业纳税人，通过《金融企业成本费用明细表》［附表二（2）］计算填报；事业单位、社会团体、民办非企业单位、非营利组织等纳税

人，通过《事业单位、社会团体、民办非企业单位支出明细表》［附表二（3）］计算填报。

③ 第3行"营业税金及附加"：填报纳税人经营活动发生的营业税、消费税、城市维护建设税、资源税、土地增值税和教育费附加等相关税费。本行根据"营业税金及附加"科目的数额计算填报。

④ 第4行"销售费用"：填报纳税人在销售商品和材料、提供劳务的过程中发生的各种费用。本行根据"销售费用"科目的数额计算填报。

⑤ 第5行"管理费用"：填报纳税人为组织和管理企业生产经营发生的管理费用。本行根据"管理费用"科目的数额计算填报。

⑥ 第6行"财务费用"：填报纳税人为筹集生产经营所需资金等发生的筹资费用。本行根据"财务费用"科目的数额计算填报。

⑦ 第7行"资产减值损失"：填报纳税人计提各项资产准备发生的减值损失。本行根据"资产减值损失"科目的数额计算填报。

⑧ 第8行"公允价值变动收益"：填报纳税人交易性金融资产、交易性金融负债，以及采用公允价值模式计量的投资性房地产、衍生工具、套期保值业务等公允价值变动形成的应计入当期损益的利得或损失。本行根据"公允价值变动损益"科目的数额计算填报。

⑨ 第9行"投资收益"：填报纳税人以各种方式对外投资确认所取得的收益或发生的损失。本行根据"投资收益"科目的数额计算填报。

⑩ 第10行"营业利润"：填报纳税人当期的营业利润。根据上述项目计算填列。

⑪ 第11行"营业外收入"：填报纳税人发生的与其经营活动无直接关系的各项收入。本行根据"营业外收入"科目的数额计算填报。一般工商企业纳税人，通过《收入明细表》［附表一（1）］相关项目计算填报；金融企业纳税人，通过《金融企业收入明细表》［附表一（2）］相关项目计算填报；事业单位、社会团体、民办非企业单位、非营利组织等纳税人，通过《事业单位、社会团体、民办非企业单位收入明细表》［附表一（3）］计算填报。

⑫ 第12行"营业外支出"：填报纳税人发生的与其经营活动无直接关系的各项支出。本行根据"营业外支出"科目的数额计算填报。一般工商企业纳税人，通过《成本费用明细表》［附表二（1）］相关项目计算填报；金融企业纳税人，通过《金融企业成本费用明细表》［附表二（2）］相关项目计算填报；事业单位、社会团体、民办非企业单位、非营利组织等纳税人，通过《事业单位、社会团体、民办非企业单位支出明细表》［附表二（3）］计算填报。

⑬ 第13行"利润总额"：填报纳税人当期的利润总额。

⑭ 第14行"纳税调整增加额"：填报纳税人会计处理与税收规定不一致，进行纳税调整增加的金额。本行通过《纳税调整项目明细表》（附表三）"调增金额"列计算填报。

⑮ 第15行"纳税调整减少额"：填报纳税人会计处理与税收规定不一致，进行纳税调整减少的金额。本行通过《纳税调整项目明细表》（附表三）"调减金额"列计算填报。

⑯ 第16行"不征税收入"：填报纳税人计入利润总额但属于税收规定不征税的财政拨款、依法收取并纳入财政管理的行政事业性收费、政府性基金以及国务院规定的其他不征税收入。本行通过《事业单位、社会团体、民办非企业单位收入明细表》[附表一（3）]计算填报。

⑰ 第17行"免税收入"：填报纳税人计入利润总额但属于税收规定免税的收入或收益，包括国债利息收入；符合条件的居民企业之间的股息、红利等权益性投资收益；从居民企业取得与该机构、场所有实际联系的股息、红利等权益性投资收益；符合条件的非营利组织的收入。本行通过《税收优惠明细表》（附表五）第1行计算填报。

⑱ 第18行"减计收入"：填报纳税人以《资源综合利用企业所得税优惠目录》规定的资源作为主要原材料，生产国家非限制和禁止并符合国家和行业相关标准的产品取得收入10%的数额。本行通过《税收优惠明细表》（附表五）第6行计算填报。

⑲ 第19行"减、免税项目所得"：填报纳税人按照税收规定减征、免征企业所得税的所得额。本行通过《税收优惠明细表》（附表五）第14行计算填报。

⑳ 第20行"加计扣除"：填报纳税人开发新技术、新产品、新工艺发生的研究开发费用，以及安置残疾人员及国家鼓励安置的其他就业人员所支付的工资，符合税收规定条件的准予按照支出额一定比例，在计算应纳税所得额时加计扣除的金额。本行通过《税收优惠明细表》（附表五）第9行计算填报。

㉑ 第21行"抵扣应纳税所得额"：填报创业投资企业采取股权投资方式投资于未上市的中小高新技术企业2年以上的，可以按照其投资额的70%在股权持有满2年的当年抵扣该创业投资企业的应纳税所得额。当年不足抵扣的，可以在以后纳税年度结转抵扣。本行通过《税收优惠明细表》（附表五）第39行计算填报。

㉒ 第22行"境外应税所得弥补境内亏损"：填报纳税人根据税收规定，境外所得可以弥补境内亏损的数额。

㉓ 第 23 行"纳税调整后所得"：填报纳税人经过纳税调整计算后的所得额。

当本表第 23 行<0 时，即为可结转以后年度弥补的亏损额；当本表第 23 行>0 时，继续计算应纳税所得额。

㉔ 第 24 行"弥补以前年度亏损"：填报纳税人按照税收规定可在税前弥补的以前年度亏损的数额。

本行通过《企业所得税弥补亏损明细表》（附表四）第 6 行第 10 列填报。但不得超过本表第 23 行"纳税调整后所得"。

㉕ 第 25 行"应纳税所得额"：金额等于本表第 23 行－24 行。

本行不得为负数。本表第 23 行或者按照上述行次顺序计算结果本行为负数，本行金额填零。

㉖ 第 26 行"税率"：填报税法规定的税率25%。

㉗ 第 27 行"应纳所得税额"：金额等于本表第 25 行×26 行。

㉘ 第 28 行"减免所得税额"：填报纳税人按税收规定实际减免的企业所得税额，包括小型微利企业、国家需要重点扶持的高新技术企业、享受减免税优惠过渡政策的企业，其法定税率与实际执行税率的差额，以及其他享受企业所得税减免税的数额。本行通过《税收优惠明细表》（附表五）第 33 行计算填报。

㉙ 第 29 行"抵免所得税额"：填报纳税人购置用于环境保护、节能节水、安全生产等专用设备的投资额，其设备投资额的 10% 可以从企业当年的应纳所得税额中抵免的金额；当年不足抵免的，可以在以后 5 个纳税年度结转抵免。本行通过《税收优惠明细表》（附表五）第 40 行计算填报。

㉚ 第 30 行"应纳税额"：金额等于本表第 27 行－28 行－29 行。

㉛ 第 31 行"境外所得应纳所得税额"：填报纳税人来源于中国境外的所得，按照企业所得税法及其实施条例以及相关税收规定计算的应纳所得税额。

㉜ 第 32 行"境外所得抵免所得税额"：填报纳税人来源于中国境外所得依照中国境外税收法律以及相关规定应缴纳并实际缴纳的企业所得税性质的税款，准予抵免的数额。企业已在境外缴纳的所得税额，小于抵免限额的，"境外所得抵免所得税额"按其在境外实际缴纳的所得税额填报；大于抵免限额的，按抵免限额填报，超过抵免限额的部分，可以在以后 5 个纳税年度内，用每年度抵免限额抵免当年应抵税额后的余额进行抵补。

㉝ 第 33 行"实际应纳所得税额"：填报纳税人当期的实际应纳所得税额。

㉞ 第 34 行"本年累计实际已预缴的所得税额"：填报纳税人按照税收规定本纳税年度已在月（季）度累计预缴的所得税款。

㉟ 第 35 行"汇总纳税的总机构分摊预缴的税额":填报汇总纳税的总机构按照税收规定已在月(季)度在总机构所在地累计预缴的所得税款。附报《中华人民共和国企业所得税汇总纳税分支机构企业所得税分配表》。

㊱ 第 36 行"汇总纳税的总机构财政调库预缴的税额":填报汇总纳税的总机构按照税收规定已在月(季)度在总机构所在地累计预缴在财政调节专户的所得税款。附报《中华人民共和国企业所得税汇总纳税分支机构企业所得税分配表》。

㊲ 第 37 行"汇总纳税的总机构所属分支机构分摊的预缴税额":填报汇总纳税的分支机构已在月(季)度在分支机构所在地累计分摊预缴的所得税款。附报《中华人民共和国企业所得税汇总纳税分支机构企业所得税分配表》。

㊳ 第 38 行"合并纳税(母子体制)成员企业就地预缴比例":填报经国务院批准的实行合并纳税(母子体制)的成员企业按照税收规定就地预缴税款的比例。

㊴ 第 39 行"合并纳税企业就地预缴的所得税额":填报合并纳税的成员企业已在月(季)度累计预缴的所得税款。

㊵ 第 40 行"本年应补(退)的所得税额":填报纳税人当期应补(退)的所得税额。

㊶ 第 41 行"以前年度多缴的所得税在本年抵减额":填报纳税人以前纳税年度汇算清缴多缴的税款尚未办理退税并在本纳税年度抵缴的所得税额。

㊷ 第 42 行"以前年度应缴未缴在本年入库所得税额":填报纳税人以前纳税年度损益调整税款、上一纳税年度第四季度预缴税款和汇算清缴的税款,在本纳税年度入库所得税额。

需要说明:

填报《中华人民共和国企业所得税年度纳税申报表》,根据纳税人具体情况,还需要同时填报如下相关附表:

附表一(1)《收入明细表》填报说明;

附表一(2)《金融企业收入明细表》填报说明;

附表一(3)《事业单位、社会团体、民办非企业单位收入明细表》填报说明;

附表二(1)《成本费用明细表》填报说明;

附表二(2)《金融企业成本费用明细表》填报说明;

附表二(3)《事业单位、社会团体、民办非企业单位支出明细表》填报说明;

附表三《纳税调整项目明细表》填报说明；

附表四《企业所得税弥补亏损明细表》填报说明；

附表五《税收优惠明细表》填报说明；

附表六《境外所得税抵免计算明细表》填报说明；

附表七《以公允价值计量资产纳税调整表》填报说明；

附表八《广告费和业务宣传费跨年度纳税调整表》填报说明；

附表九《资产折旧、摊销纳税调整表》填报说明；

附表十《资产减值准备项目调整明细表》填报说明；

附表十一《长期股权投资所得（损失）明细表》填报说明。

2. 实行核定征收企业所得税的居民纳税人的《中华人民共和国企业所得税年度纳税申报表（B类）》填报说明。

（1）第1行"收入总额"：填报当期取得的各项收入的合计金额（按照收入总额核定应税所得率的纳税人填报）。

（2）第2行"成本费用"：填报计入当期的成本费用的合计金额（按照成本费用核定应税所得率的纳税人填报）。

（3）第3行"应税所得率"：填报主管税务机关核定的应税所得率。

（4）第4行"应纳税所得额"：

按照收入总额核定应税所得率的纳税人，计算公式为：应纳税所得额＝收入总额×应税所得率。

按照成本费用核定应税所得率的纳税人，计算公式为：应纳税所得额＝成本费用支出额÷（1－应税所得率）×应税所得率。

（5）第5行"适用税率"：根据第4行"应纳税所得额"金额确定的适用税率或者所得税政策规定的适用税率。

（6）第7行"实际已预缴的所得税额"：填报当年累计已预缴的企业所得税额。

（7）实行核定应纳所得税额的纳税人，可填第6行、第7行、第8行。其中，第6行填报主管税务机关核定的当期累计应纳所得税额。

【实训资料一】

月度纳税申报资料

一、模拟企业概况

纳税人名称：兴隆食品有限责任公司

主营业务：食品生产及销售

企业法人代表：张荣国

营业地址及电话：武汉市青山区建设八路 134 号 027-87858888

开户银行及账号：招商银行武汉分行 23445

税务登记号：420101300011234

二、实训操作资料

兴隆食品有限责任公司为居民企业，企业所得税采用查账征收分期预缴的形式申报纳税，该公司主要生产速冻食品、膨化食品和饮料，企业所得税税率为 25%，所得税按月度利润分月预缴，2009 年 12 月的相关资料如下：

主营业务收入总分类账

2009 年		记账凭证号数	摘要	对方科目	页数	借方金额	贷方金额	借或贷	余额
月	日								
12	1		上月结余					平	0.00
	2		销售速冻产品收入	银行存款			1120000.00		
	3		销售膨化食品收入	应收账款			800000.00		
	5		销售饮料产品收入	银行存款			725000.00		
	7		销售速冻产品收入	银行存款			1320000.00		
	17		销售饮料产品收入	银行存款			358700.00		
	21		销售饮料产品收入	应收账款			1206300.00		
	31		结转主营业务收入	本年利润		5530000.00			
			本月合计			5530000.00	5530000.00	平	0.00
			本年累计			62440000.00	62440000.00	平	0.00

其他业务收入总分类账

2009 年		记账凭证号数	摘要	对方科目	页数	借方金额	贷方金额	借或贷	余额
月	日								
12	1		上月结余					平	0.00
	5		销售包装物收入	银行存款			15000.00		
	15		房屋租金收入	银行存款			80000.00		
	19		转让原材料收入	银行存款			30000.00		
	31		结转其他业务收入	本年利润		125000.00			
			本月合计			125000.00	125000.00	平	0.00
			本年累计			1358000.00	1358000.00	平	0.00

营业税金及附加总分类账

2009年		记账凭证号数	摘要	对方科目	页数	借方金额	贷方金额	借或贷	余额
月	日								
12	1		上月结余					平	0.00
	31		计提城市建设维护税	应交税费		39484.00			
	31		计提教育费附加	应交税费		16921.00			
	31		结转营业税金及附加	本年利润			56405.00		
			本月合计			56405.00	56405.00	平	0.00
			本年累计			66786.00	66786.00	平	0.00

销售费用总分类账

2009年		记账凭证号数	摘要	对方科目	页数	借方金额	贷方金额	借或贷	余额
月	日								
12	1		上月结余					平	0.00
	2		销售人员报销差旅费	库存现金		3500.00			
	2		销售人员报销销售部购买办公用品费用	库存现金		1200.00			
	3		支付销售膨化产品装卸运输费	库存现金		800.00			
	25		支付广告费	银行存款		25000.00			
	25		支付销售部门水费	银行存款		280.00			
	25		支付销售部门电费	银行存款		1100.00			
	25		计提销售部门职工工资	应付职工薪酬		50000.00			
	25		计提销售部门固定资产折旧	累计折旧		30000.00			
	31		结转本月销售费用	本年利润			111880.00		
			本月合计			111880.00	111880.00	平	0.00
			本年累计			1432578.00	1432578.00	平	0.00

管理费用总分类账

2009 年		记账凭证号数	摘要	对方科目	页数	借方金额	贷方金额	借或贷	余额
月	日								
12	1		上月结余					平	0.00
	2		管理部门人员报销差旅费	库存现金		24000.00			
	3		购买办公用品费用	库存现金		4300.00			
	20		支付招待费	库存现金		32000.00			
	25		支付管理部门水费	银行存款		1100.00			
	25		支付管理部门电费	银行存款		5000.00			
	25		计提管理部门职工工资	应付职工薪酬		136700.00			
	30		计提本月印花税	应交税费		800.00			
	31		结转本月管理费用	本年利润			203900.00		
			本月合计			203900.00	203900.00	平	0.00
			本年累计			2588700.00	2588700.00	平	0.00

财务费用总分类账

2009 年		记账凭证号数	摘要	对方科目	页数	借方金额	贷方金额	借或贷	余额
月	日								
12	1		上月结余					平	0.00
	30		支付银行手续费	银行存款		5080.00			
	30		计提银行借款利息	预提费用		8333.00			
	31		结转本月财务费用	本年利润			13413.00		
			本月合计			13413.00	13413.00	平	0.00
			本年累计			168956.00	168956.00	平	0.00

主营业务成本总分类账

2009年 月	日	记账凭证号数	摘要	对方科目	页数	借方金额	贷方金额	借或贷	余额
12	1		上月结余					平	0.00
	2		销售速冻产品成本	库存商品		784900.00			
	3		销售膨化食品成本	库存商品		578500.00			
	5		销售饮料产品成本	库存商品		507500.00			
	7		销售速冻产品成本	库存商品		925000.00			
	17		销售饮料产品成本	库存商品		251090.00			
	21		销售饮料产品成本	库存商品		844630.00			
	31		结转主营业务成本	本年利润			3891620.00		
			本月合计			3891620.00	3891620.00	平	0.00
			本年累计			45966440.00	45966440.00	平	0.00

其他业务成本总分类账

2009年 月	日	记账凭证号数	摘要	对方科目	页数	借方金额	贷方金额	借或贷	余额
12	1		上月结余					平	0.00
	5		销售包装物成本	周转材料		12000.00			
	19		转让原材料成本	原材料		25000.00			
	30		出租房屋折旧	累计折旧		12000.00			
	31		结转其他业务成本	本年利润			49000.00		
			本月合计			49000.00	49000.00	平	0.00
			本年累计			1176000.00	1176000.00	平	0.00

营业外收入总分类账

2009年		记账凭证号数	摘要	对方科目	页数	借方金额	贷方金额	借或贷	余额
月	日								
12	1		上月结余					平	0.00
	31		原材料盘盈收入	待处理财产损溢			800.00		
	31		结转其他业务成本	本年利润		800.00			
			本月合计			800.00	800.00	平	0.00
			本年累计			6500.00	6500.00	平	0.00

营业外支出总分类账

2009年		记账凭证号数	摘要	对方科目	页数	借方金额	贷方金额	借或贷	余额
月	日								
12	1		上月结余					平	0.00
	10		向灾区捐款	银行存款		100000.00			
	15		环保局罚款	银行存款		2000.00			
	31		结转其他业务成本	本年利润			102000.00		
			本月合计			102000.00	102000.00	平	0.00
			本年累计			197890.00	197890.00	平	0.00

【实训操作】

（1）根据所给资料编制兴隆食品公司 2009 年 12 月的《利润表》。

（2）填制《企业所得税月（季）度预缴纳税申报表（A 类)》。

（3）进行相应的会计处理。

实训表1　　　　　　　　　　　　　　**利润表**

编制单位：　　　　　　　　　　年　　月　　日　　　　　　单位：元（列至角分）

行次	项　　目	金　额	
		本期金额	上期金额
1	一、营业收入		
2	减：营业成本		
3	营业税金及附加		
4	销售费用		
5	管理费用		
6	财务费用		
7	资产减值损失		
8	加：公允价值变动收益（损失以"－"号填列）		
9	投资收益		
10	其中：对联营企业和合作企业的投资收益		
11	二、营业利润（亏损以"－"号填列）		
12	加：营业外收入		
13	减：营业外支出		
14	其中：非流动资产处置损失		
15	三、利润总额（亏损以"－"号填列）		
16	减：所得税费用		
17	四、净利润（亏损以"－"号填列）		
18	五、每股收益		
19	（一）基本每股收益		
20	（二）稀释每股收益		

实训表2　　　　中华人民共和国企业所得税月（季）度预缴纳税申报表（A类）

税款所属期间：　　年　月　日至　年　月　日

纳税人识别号：□□□□□□□□□□□□□□□

纳税人名称：　　　　　　　　　　　　　　　　金额单位：人民币元（列至角分）

行次	项目		本期金额	累计金额
1	一、据实预缴			
2	营业收入			
3	营业成本			
4	利润总额			
5	税率（25%）			
6	应纳所得税额（4×5）			
7	减免所得税额			
8	实际已缴所得税额		—	
9	应补（退）的所得税额（6-7-8）		—	
10	二、按照上一纳税年度应纳税所得额的平均额预缴			
11	上一纳税年度应纳税所得额		—	
12	本月（季）应纳税所得额（11÷12 或 11÷4）			
13	税率（25%）		—	—
14	本月（季）应纳所得税额（12×13）			
15	三、按照税务机关确定的其他方法预缴			
16	本月（季）确定预缴的所得税额			
17	总分机构纳税人			
18	总机构	总机构应分摊的所得税额（9 或 14 或 16×25%）		
19		中央财政集中分配的所得税额（9 或 14 或 16×25%）		
20		分支机构分摊的所得税额（9 或 14 或 16×50%）		
21	分支机构	分配比例		
22		分配的所得税额（20×21）		

　　谨声明：此纳税申报表是根据《中华人民共和国企业所得税法》《中华人民共和国企业所得税法实施条例》和国家有关税收规定填报的，是真实的、可靠的、完整的。

法定代表人（签字）：　　　　　　　年　月　日

纳税人公章： 会计主管： 填表日期：　年　月　日	代理申报中介机构公章： 经办人： 经办人执业证件号码： 代理申报日期：　年　月　日	主管税务机关受理专用章： 受理人： 受理日期：　年　月　日

国家税务总局监制

【总结和体会】

【教师评价】

【实训资料二】

年度纳税申报资料

承实训资料一，兴隆公司全年的损益类账户余额如资料一中的明细账所示，其中，对纳税申报有特殊影响的业务如下：

（1）从其他企业借入 1000000 元资金，本年度支付的该项借款的利息 100000 元，同期同类银行贷款年利率为 8%。

（2）全年发生的广告费是 300000 元。

（3）全年的业务招待费合计 570000 元。

（4）通过中国红十字会向灾区捐款 100000 元。

（5）由于环保不达标，被环保局罚款 2000 元。

（6）逾期缴纳税款，被处以 95890 元罚款。

（7）该企业的研发费用 200000 元，该项研发未形成无形资产。

（8）上一年度亏损 2000000 元。

（9）职工薪酬总额 2247890 元，符合税法规定的扣除比例。

【实训操作】

结合实训资料一、实训资料二：

（1）编制兴隆公司 2009 年度《利润表》。

（2）做相应的会计处理。

（3）填制《企业所得税年度纳税申报表（A 类)》。

实训表1　　　　　　　　　　　**利润表**

编制单位：　　　　　　　　　　　年　月　日　　　　　　　单位：元（列至角分）

行次	项　　目	金　　额	
		本期金额	上期金额
1	一、营业收入		
2	减：营业成本		
3	营业税金及附加		
4	销售费用		
5	管理费用		
6	财务费用		
7	资产减值损失		
8	加：公允价值变动收益（损失以"－"号填列）		
9	投资收益		
10	其中：对联营企业和合作企业的投资收益		
11	二、营业利润（亏损以"－"号填列）		
12	加：营业外收入		
13	减：营业外支出		
14	其中：非流动资产处置损失		
15	三、利润总额（亏损以"－"号填列）		
16	减：所得税费用		
17	四、净利润（亏损以"－"号填列）		
18	五、每股收益		
19	（一）基本每股收益		
20	（二）稀释每股收益		

实训表2　　　　**中华人民共和国企业所得税年度纳税申报表（A类）**

　　　　　　　　税款所属期间：　年　月　日至　年　月　日

纳税人名称：

纳税人识别号：□□□□□□□□□□□□□□□　　　　　金额单位：元（列至角分）

类别	行次	项　　目	金　额
利润总额计算	1	一、营业收入（填附表一）	
	2	减：营业成本（填附表二）	
	3	营业税金及附加	
	4	销售费用（填附表二）	
	5	管理费用（填附表二）	
	6	财务费用（填附表二）	
	7	资产减值损失	
	8	加：公允价值变动收益	
	9	投资收益	

续表

类别	行次	项　目	金　额
利润总额计算	10	二、营业利润	
	11	加：营业外收入（填附表一）	
	12	减：营业外支出（填附表二）	
	13	三、利润总额（10+11-12）	
应纳税所得额计算	14	加：纳税调整增加额（填附表三）	
	15	减：纳税调整减少额（填附表三）	
	16	其中：不征税收入（填附表一）	
	17	免税收入（填附表五）	
	18	减计收入（填附表五）	
	19	减、免税项目所得（填附表五）	
	20	加计扣除（填附表五）	
	21	抵扣应纳税所得额（填附表五）	
	22	加：境外应税所得弥补境内亏损	
	23	纳税调整后所得（13+14-15+22）	
	24	减：弥补以前年度亏损（填附表四）	
	25	应纳税所得额（23-24）	
应纳税额计算	26	税率（25%）	
	27	应纳所得税额（25×26）	
	28	减：减免所得税额（填附表五）	
	29	减：抵免所得税额（填附表五）	
	30	应纳税额（27-28-29）	
	31	加：境外所得应纳所得税额（填附表六）	
	32	减：境外所得抵免所得税额（填附表六）	
	33	实际应纳所得税额（30+31-32）	
	34	减：本年累计实际已预缴的所得税额	
	35	其中：汇总纳税的总机构分摊预缴的税额	
	36	汇总纳税的总机构财政调库预缴的税额	
	37	汇总纳税的总机构所属分支机构分摊的预缴税额	
	38	合并纳税（母子体制）成员企业就地预缴比例	
	39	合并纳税企业就地预缴的所得税额	
	40	本年应补（退）的所得税额（33-34）	
附列资料	41	以前年度多缴的所得税额在本年抵减额	
	42	以前年度应缴未缴在本年入库所得税额	

纳税人公章： 经办人： 申报日期：　　年 月 日	代理申报中介机构公章： 经办人及执业证件号码： 代理申报日期：　　年 月 日	主管税务机关受理专用章： 受理人： 受理日期：　　年 月 日

实训表 3   **收入明细表**

填报时间： 年 月 日   金额单位：元（列至角分）

行次	项 目	金 额
1	一、销售（营业）收入合计（2+13）	
2	（一）营业收入合计（3+8）	
3	1. 主营业务收入（4+5+6+7）	
4	（1）销售货物	
5	（2）提供劳务	
6	（3）让渡资产使用权	
7	（4）建造合同	
8	2. 其他业务收入（9+10+11+12）	
9	（1）材料销售收入	
10	（2）代购代销手续费收入	
11	（3）包装物出租收入	
12	（4）其他	
13	（二）视同销售收入（14+15+16）	
14	（1）非货币性交易视同销售收入	
15	（2）货物、财产、劳务视同销售收入	
16	（3）其他视同销售收入	
17	二、营业外收入（18+19+20+21+22+23+24+25+26）	
18	1. 固定资产盘盈	
19	2. 处置固定资产净收益	
20	3. 非货币性资产交易收益	
21	4. 出售无形资产收益	
22	5. 罚款净收入	
23	6. 债务重组收益	
24	7. 政府补助收入	
25	8. 捐赠收入	
26	9. 其他	

经办人（签章）：   法定代表人（签章）：

实训表 4   **成本费用明细表**

填报时间：   年   月   日   金额单位：元（列至角分）

行次	项　目	金　额
1	一、销售（营业）成本合计（2+7+12）	
2	（一）主营业务成本（3+4+5+6）	
3	（1）销售货物成本	
4	（2）提供劳务成本	
5	（3）让渡资产使用权成本	
6	（4）建造合同成本	
7	（二）其他业务成本（8+9+10+11）	
8	（1）材料销售成本	
9	（2）代购代销费用	
10	（3）包装物出租成本	
11	（4）其他	
12	（三）视同销售成本（13+14+15）	
13	（1）非货币性交易视同销售成本	
14	（2）货物、财产、劳务视同销售成本	
15	（3）其他视同销售成本	
16	二、营业外支出（17+18+19+20+21+22+23+24）	
17	1. 固定资产盘亏	
18	2. 处置固定资产净损失	
19	3. 出售无形资产损失	
20	4. 债务重组损失	
21	5. 罚款支出	
22	6. 非常损失	
23	7. 捐赠支出	
24	8. 其他	
25	三、期间费用（26+27+28）	
26	1. 销售（营业）费用	
27	2. 管理费用	
28	3. 财务费用	

经办人（签章）：   法定代表人（签章）：

实训表5 　　　　　**广告费和业务宣传费跨年度纳税调整表**

填报时间： 年 月 日 　　　　　　　　　　　　　金额单位：元（列至角分）

行次	项　目	金　额
1	本年度广告费和业务宣传费支出	
2	其中：不允许扣除的广告费和业务宣传费支出	
3	本年度符合条件的广告费和业务宣传费支出（1-2）	
4	本年计算广告费和业务宣传费扣除限额的销售（营业）收入	
5	税收规定的扣除率（%）	
6	本年广告费和业务宣传费扣除限额（4×5）	
7	本年广告费和业务宣传费支出纳税调整额（3≤6，本行＝2行；3>6，本行＝1-6）	
8	本年结转以后年度扣除额（3>6，本行＝3-6；3≤6，本行＝0）	
9	加：以前年度累计结转扣除额	
10	减：本年扣除的以前年度结转额	
11	累计结转以后年度扣除额（8+9-10）	

经办人（签章）： 　　　　　　　　　　　　　法定代表人（签章）：

【总结和体会】

【教师评价】

【实训资料三】

一、模拟企业概况

纳税人名称：兴隆文化科技公司

主营业务：文化产品开发、生产与销售

企业法人代表：张荣国

营业地址：贵阳市南明区文星路20号

单位电话：87858888

开户银行及账号：建设银行贵阳文星路支行　5780005453230041032

税务登记号：235031201145512

二、实训操作资料

兴隆文化科技公司 2010 年全年平均职工 200 人，其中 120 人的工资直接计入生产成本；40 人的工资计入制造费用和辅助生产；40 人的工资计入期间费用。2006 年度该企业全部产品销售收入为 800 万元，损益表中的利润总额为 449.915 万元（包括从联营企业分回利润 20 万元，取得国库券利息收入 15 万元）。当期其他资料为：

产品销售成本为 193.36 万元，有关资料：

（1）直接工资为 96 万元，职工福利费为 13.44 万元。

（2）制造费用、辅助生产的工资为 28 万元，职工福利费用为 3.92 万元。

（3）制造费用、辅助生产中的折旧费用为 52 万元。

各种期间费用为 186.725 万元，有关资料：

（1）工资费用为 135 万元、职工福利费 18.9 万元。

（2）房屋建筑物计提折旧费 8 万元。

（3）管理费用中列支业务招待费 11.2 万元。

（4）管理费用中的工会经费 2.7 万元（已经取得工会拨缴款专用收据）、职工教育经费 2.025 万元。

（5）财务费用中集资利息支出为 8.9 万元，按向金融机构同类借款计算，利息应为 4.8 万元。

营业外收支净额为 5 万元，有关资料为：

（1）直接向灾区捐赠 10 万元现金，在营业外支出中列支。

（2）收取的各种价外基金，收费和附加 5 万元，计入营业外收入中。

其他相关数据资料：

联营企业所得税税率为 15%。

【实训操作】

（1）计算兴隆文化科技公司 2010 年应缴纳的企业所得税。

（2）填报《企业所得税纳税申报表（A 类)》。

实训表1 　　中华人民共和国企业所得税年度纳税申报表（A类）

税款所属期间： 年 月 日至 年 月 日

纳税人名称：

纳税人识别号：□□□□□□□□□□□□□□□ 　　　　金额单位：元（列至角分）

类别	行次	项 目	金 额
利润总额计算	1	一、营业收入（填附表一）	
	2	减：营业成本（填附表二）	
	3	营业税金及附加	
	4	销售费用（填附表二）	
	5	管理费用（填附表二）	
	6	财务费用（填附表二）	
	7	资产减值损失	
	8	加：公允价值变动收益	
	9	投资收益	
	10	二、营业利润	
	11	加：营业外收入（填附表一）	
	12	减：营业外支出（填附表二）	
	13	三、利润总额（10+11-12）	
应纳税所得额计算	14	加：纳税调整增加额（填附表三）	
	15	减：纳税调整减少额（填附表三）	
	16	其中：不征税收入（填附表一）	
	17	免税收入（填附表五）	
	18	减计收入（填附表五）	
	19	减、免税项目所得（填附表五）	
	20	加计扣除（填附表五）	
	21	抵扣应纳税所得额（填附表五）	
	22	加：境外应税所得弥补境内亏损	
	23	纳税调整后所得（13+14-15+22）	
	24	减：弥补以前年度亏损（填附表四）	
	25	应纳税所得额（23-24）	

续表

类别	行次	项　　目	金　额
应纳税额计算	26	税率（25%）	
	27	应纳所得税额（25×26）	
	28	减：减免所得税额（填附表五）	
	29	减：抵免所得税额（填附表五）	
	30	应纳税额（27-28-29）	
	31	加：境外所得应纳所得税额（填附表六）	
	32	减：境外所得抵免所得税额（填附表六）	
	33	实际应纳所得税额（30+31-32）	
	34	减：本年累计实际已预缴的所得税额	
	35	其中：汇总纳税的总机构分摊预缴的税额	
	36	汇总纳税的总机构财政调库预缴的税额	
	37	汇总纳税的总机构所属分支机构分摊的预缴税额	
	38	合并纳税（母子体制）成员企业就地预缴比例	
	39	合并纳税企业就地预缴的所得税额	
	40	本年应补（退）的所得税额（33-34）	
附列资料	41	以前年度多缴的所得税额在本年抵减额	
	42	以前年度应缴未缴在本年入库所得税额	

纳税人公章：	代理申报中介机构公章：	主管税务机关受理专用章：
经办人：	经办人及执业证件号码：	受理人：
申报日期：　　年　月　日	代理申报日期：　　年　月　日	受理日期：　　年　月　日

【总结和体会】

【教师评价】

【实训资料四】

通过实训掌握企业所得税纳税审查的方法。

一、模拟企业概况

某有限责任公司 2010 年经营情况如下表所示：

金额单位：万元

项　　目	本年累计数	项　　目	本年累计数
一、产品销售收入	1000	三、营业利润	163
减：产品销售成本	650	加：投资收益	25
产品销售费用	45	营业外收入	2
产品销售税金及附加	8	减：营业外支出	12
二、产品销售利润	297	加：以前年度损益调整	-18
加：其他业务利润	10	四、利润总额	160
减：管理费用	114	减：所得税	52.8
财务费用	30	五、净利润	107.2

二、实训操作资料

某注册税务师 2011 年 2 月核查上年度企业所得税纳税情况，取得以下资料：

（1）管理费用中列支业务招待费 80000 元。

（2）财务费用中银行借款利息 200000 元，职工三年期集资款 800000 元，利息 100000 元，同类同期银行贷款利率 10%。

（3）其他业务收入 200000 元。

（4）投资收益中，国债利息收入 50000 元，从联营企业分回利润 150000 元，联营企业设立在深圳，适用 15% 的地区优惠税率，拆借资金利息收入 5000 元。

（5）营业外支出中违反劳动法罚款 20000 元。

（6）以前年度损益调整中补交 2002 年企业所得税 120000 元，罚款 60000 元。

（7）企业年平均职工人数 256 人，计税工资 800 元/月，本年"应付工资"列支 3157600 元，其中职工生活困难补助 40000 元，管理费用中列支年终奖金 120000 元；职工福利费、工会经费、职工教育经费按应付工资账面提取。

（8）2006 年预提费用贷方余额 40000 元。

（9）2006 年 1 月购入防寒羽绒衣 400 件，价值 45000 元，分发给职工作为福利，企业计入管理费用。

（10）闲置报废机器设备在报废后，仍然计提折旧 20000 元。

（11）自建设备一台，所耗料工费均计入生产成本中，年末作为盘盈固定资产，重置成本价 40000 元计入"待处理财产损溢"，年末未作处理（为购建该资产所耗用的原材料占总成本的40%）。

（12）企业以承包租赁方式租出临街店面，年承包租赁费300000元，计入"其他应付款——其他"。

【实训操作】

（1）根据以上资料，依据税法、财务制度的规定作出相应的账务调整。

（2）正确计算该企业2010年应缴纳的企业所得税并填写《企业所得税纳税申报表（A类）》。

实训表1　　　　　中华人民共和国企业所得税年度纳税申报表（A类）

税款所属期间：　　　年　　月　　日至　　年　　月　　日

纳税人名称：

纳税人识别号：□□□□□□□□□□□□□□□　　　　　　　　金额单位：元（列至角分）

类别	行次	项　目	金　额
利润总额计算	1	一、营业收入（填附表一）	
	2	减：营业成本（填附表二）	
	3	营业税金及附加	
	4	销售费用（填附表二）	
	5	管理费用（填附表二）	
	6	财务费用（填附表二）	
	7	资产减值损失	
	8	加：公允价值变动收益	
	9	投资收益	
	10	二、营业利润	
	11	加：营业外收入（填附表一）	
	12	减：营业外支出（填附表二）	
	13	三、利润总额（10+11-12）	
应纳税所得额计算	14	加：纳税调整增加额（填附表三）	
	15	减：纳税调整减少额（填附表三）	
	16	其中：不征税收入（填附表一）	
	17	免税收入（填附表五）	
	18	减计收入（填附表五）	

续表

类别	行次	项　　目	金　额
应纳税所得额计算	19	减、免税项目所得（填附表五）	
	20	加计扣除（填附表五）	
	21	抵扣应纳税所得额（填附表五）	
	22	加：境外应税所得弥补境内亏损	
	23	纳税调整后所得（13+14-15+22）	
	24	减：弥补以前年度亏损（填附表四）	
	25	应纳税所得额（23-24）	
应纳税额计算	26	税率（25%）	
	27	应纳所得税额（25×26）	
	28	减：减免所得税额（填附表五）	
	29	减：抵免所得税额（填附表五）	
	30	应纳税额（27-28-29）	
	31	加：境外所得应纳所得税额（填附表六）	
	32	减：境外所得抵免所得税额（填附表六）	
	33	实际应纳所得税额（30+31-32）	
	34	减：本年累计实际已预缴的所得税额	
	35	其中：汇总纳税的总机构分摊预缴的税额	
	36	汇总纳税的总机构财政调库预缴的税额	
	37	汇总纳税的总机构所属分支机构分摊的预缴税额	
	38	合并纳税（母子体制）成员企业就地预缴比例	
	39	合并纳税企业就地预缴的所得税额	
	40	本年应补（退）的所得税额（33-34）	
附列资料	41	以前年度多缴的所得税额在本年抵减额	
	42	以前年度应缴未缴在本年入库所得税额	

纳税人公章： 经办人： 申报日期：　　年 月 日	代理申报中介机构公章： 经办人及执业证件号码： 代理申报日期：　　年 月 日	主管税务机关受理专用章： 受理人： 受理日期：　　年 月 日

【总结和体会】

【教师评价】

【实训资料五】

一、模拟企业概况

纳税人名称：GP 公司

主营业务：生产各种机电产品

法人代表：张荣国

营业地址：北京市西城区西直门大街乙 20 号

单位电话：62211048

开户银行及账号：中国工商银行西直门支行　001-540021

税务登记号：5780005453230041032

二、实训操作资料

该公司 2010 年度有关计税资料如下：

1. 全年销售收入 34115670 元；销售成本 29489650 元；销售费用 2388320 元；销售税金及附加 81543 元；其他业务收入 100120 元；其他业务支出 61110 元。

2. 管理费用 1854600 元，其中：

（1）公司实发工资为 210000 元，同时按会计制度规定计提三项经费。

（2）管理费用中列支业务招待费 165657 元。

（3）为公司职工维修宿舍发生修理费用支出 20000 元。

3. 财务费用 702100 元，其中：

（1）公司为更新计算机管理系统，发生借款利息支出 400000 元，该系统尚未交付使用。

（2）公司由于急需资金购货，于本年 1 月 5 日向某商贸公司借款 1500000 元，年利率 8%，已于本年 11 月 5 日偿还本息（注：同期银行同种贷款年利率为 6%）。

4. 投资收益 612000 元，企业对外投资均无控股权，其中：

（1）从北京市房山区（适用税率 15%）某联营企业甲企业分回利润 100000 元。

（2）从珠海特区某联营企业乙公司（适用税率 15%）分回利润 200000 元。

（3）从秦皇岛老市区某中外合资企业丙公司（适用税率 24%）分回利润 300000 元。

（4）上述甲、乙、丙公司均处于正常纳税期。

（5）为偿还到期贷款，将持有的金融债券转让，取得转让收益 12000 元。

5. 营业外收入 27680 元，其中：11700 元属送货上门向客户收取的优质服务费。

6. 营业外支出 124720 元，其中：

（1）违反工商行政管理部门有关规定，缴纳罚款 2000 元。

（2）通过中华慈善总会向灾区捐款 100000 元。

（3）公司仓库被盗，丢失产成品账面成本为 20000 元，应分摊增值税进项税额 2720 元，经上级主管部门批准，在营业外支出科目列支损失，并已向有关部门备案。

7. 公司收回 2008 年已核销坏账准备的应收账款 12000 元，做如下账务处理：

借：银行存款　　　　　　　　　　　　　　　　12000
　　贷：应收账款　　　　　　　　　　　　　　　　12000

8. 该公司 2009 年度自行汇算清缴入库企业所得税 75000 元，2010 年第 1~3 季度已预缴入库企业所得税 28000 元。2010 年 4 月公司被主管税务机关核查上年将含税收入 117000 元计入"其他应付款"账户，超标多列工资及三项费用 138700 元，补缴 2005 年度企业所得税 49500 元、增值税 17000 元、城市维护建设税 1190 元、教育费附加 510 元，已做如下相关会计处理：

①借：其他应付款　　　　　　　　　　　　　　117000
　　贷：以前年度损益调整　　　　　　　　　　　100000
　　　　应交税费——应交增值税（销项税额）　　17000

②补结转销售成本，补提城市维护建设税、教育费附加：

借：以前年度损益调整　　　　　　　　　　　　88700
　　贷：库存商品　　　　　　　　　　　　　　　87000
　　　　应交税费——应交城市维护建设税　　　　1190
　　　　其他应交款——教育费附加　　　　　　　510

③借：所得税　　　　　　　　　　　　　　　　49500
　　贷：应交税费——应交所得税　　　　　　　　49500

④借：应交税费——应交增值税（转出未交增值税） 17000

　　贷：应交税费——未交增值税   17000

⑤借：应交税费——未交增值税   17000

　　　　　　——应交城市维护建设税   1190

　　　　　　——应交所得税   49500

　　　其他应交款——教育费附加   510

　　贷：银行存款   68200

【实训操作】

（1）根据以上资料，依据税法、财务制度的规定作出相应的账务调整。

（2）正确计算该企业2010年应纳企业所得税并代企业填写《企业所得税纳税申报表（A类）》。

实训表1　　**中华人民共和国企业所得税年度纳税申报表（A类）**

税款所属期间：　　　年　月　日至　　年　月　日

纳税人名称：

纳税人识别号：□□□□□□□□□□□□□□□　　　　　金额单位：元（列至角分）

类别	行次	项　目	金　额
利润总额计算	1	一、营业收入（填附表一）	
	2	减：营业成本（填附表二）	
	3	营业税金及附加	
	4	销售费用（填附表二）	
	5	管理费用（填附表二）	
	6	财务费用（填附表二）	
	7	资产减值损失	
	8	加：公允价值变动收益	
	9	投资收益	
	10	二、营业利润	
	11	加：营业外收入（填附表一）	
	12	减：营业外支出（填附表二）	
	13	三、利润总额（10+11-12）	

续表

类别	行次	项　目	金　额
应纳税所得额计算	14	加：纳税调整增加额（填附表三）	
	15	减：纳税调整减少额（填附表三）	
	16	其中：不征税收入（填附表一）	
	17	免税收入（填附表五）	
	18	减计收入（填附表五）	
	19	减、免税项目所得（填附表五）	
	20	加计扣除（填附表五）	
	21	抵扣应纳税所得额（填附表五）	
	22	加：境外应税所得弥补境内亏损	
	23	纳税调整后所得（13+14-15+22）	
	24	减：弥补以前年度亏损（填附表四）	
	25	应纳税所得额（23-24）	
应纳税额计算	26	税率（25%）	
	27	应纳所得税额（25×26）	
	28	减：减免所得税额（填附表五）	
	29	减：抵免所得税额（填附表五）	
	30	应纳税额（27-28-29）	
	31	加：境外所得应纳所得税额（填附表六）	
	32	减：境外所得抵免所得税额（填附表六）	
	33	实际应纳所得税额（30+31-32）	
	34	减：本年累计实际已预缴的所得税额	
	35	其中：汇总纳税的总机构分摊预缴的税额	
	36	汇总纳税的总机构财政调库预缴的税额	
	37	汇总纳税的总机构所属分支机构分摊的预缴税额	
	38	合并纳税（母子体制）成员企业就地预缴比例	
	39	合并纳税企业就地预缴的所得税额	
	40	本年应补（退）的所得税额（33-34）	
附列资料	41	以前年度多缴的所得税额在本年抵减额	
	42	以前年度应缴未缴在本年入库所得税额	

纳税人公章： 经办人： 申报日期：　　年　月　日	代理申报中介机构公章： 经办人及执业证件号码： 代理申报日期：　　年　月　日	主管税务机关受理专用章： 受理人： 受理日期：　　年　月　日

【总结和体会】

【教师评价】

第七章 个人所得税纳税实训

【实训目的】

（1）练习个人所得税应纳税额的计算。

（2）练习代扣代缴个人所得税会计核算，并编制相关会计分录。

（3）练习个人所得税的申报缴纳。

【知识链接】

一、个人所得税的概念

个人所得税是对中国公民、个体工商户以及在中国有所得的外籍人员（包括无国籍人员）和中国香港、澳门、台湾同胞的所得征收的一种税。

二、征税对象

征税对象为个人应税所得额。

三、纳税义务人

个人所得税的纳税义务人为取得应税所得的中国公民和外国公民，纳税人依据住所和居住时间两个标准，区分为居民纳税人和非居民纳税人，分别承担不同的纳税义务。

居民纳税人是指在中国境内（是指中国大陆地区，目前还不包括中国香港、澳门和台湾地区）有住所，或者无住所而在中国境内居住满一年的个人。居民纳税人负有无限纳税义务。其所取得的应纳税所得，无论是来源于中国境内还是中国境外任何地方，都要在中国缴纳个人所得税。

非居民纳税义务人，是指不符合居民纳税义务人判定标准（条件）的纳税义务人，承担有限纳税义务，即仅就其来源于中国境内的所得，向中国缴纳个人所得税。按税法规定，非居民纳税人是在中国境内无住所又不居住，或无住所且居住不满一年的个人。非居民纳税义务人，实际上是在一个纳税年度中，没有在中国境内居住，或者在中国境内居住不满一年的外籍人员、华侨或中国香港、澳门和台湾同胞。

四、征税范围

（1）工资、薪金所得。

（2）个体工商户的生产、经营所得。

（3）对企事业单位的承包经营、承租经营所得。

（4）劳务报酬所得。

（5）稿酬所得。

（6）特许权使用费所得。

（7）利息、股息、红利所得。

（8）财产租赁所得。

（9）财产转让所得。

（10）偶然所得。

（11）经国务院财政部门确定征税的其他所得。

五、税率

1. 超额累进税率。

适用超额累进税率的应税所得项目有：

（1）工资、薪金所得适用七级超额累进税率，如下表所示。

工资薪金所得个人所得税税率表

级数	全月应纳税所得额	税率（%）	速算扣除数（元）
1	不超过 1500 元	3	0
2	超过 1500 元至 4500 元的部分	10	105
3	超过 4500 元至 9000 元的部分	20	555
4	超过 9000 元至 35000 元的部分	25	1005
5	超过 35000 元至 55000 元的部分	30	2755
6	超过 55000 元至 80000 元的部分	35	5505
7	超过 80000 元的部分	45	13505

（2）个体工商户的生产、经营所得以及对企事业单位的承包经营、承租经营所得适用五级超额累进税率，如下表所示。

个体工商户的生产、经营所得和对企事业单位的承包经营、承租经营所得税税率表

级数	全年应纳税所得额	税率（%）	速算扣除数（元）
1	不超过15000元的	5	0
2	超过15000元至30000元的部分	10	750
3	超过30000元至60000元的部分	20	3750
4	超过60000元至100000元的部分	30	9750
5	超过100000元的部分	35	14750

2. 比例税率。

适用比例税率的应税所得项目有：

（1）特许权使用费所得，利息、股息、红利所得，财产租赁所得，财产转让所得，偶然所得和其他所得，适用20%比例税率。

（2）劳务报酬所得按20%。另外，对一次性获得劳务报酬收入畸高的实行加成征收，按现行规定，一次性取得劳务报酬应税所得超过20000元的，加成50%；一次性取得劳务报酬应税所得超过50000元的，加成100%。

（3）稿酬所得，适用20%的比例税率，并按应纳税额减征30%。

六、应纳税所得额

1. 工资、薪金所得。

工资、薪金所得，以每月收入额减除费用或附加减除费用后的余额为应纳税所得额。工资薪金的减除费用由标准费用和附加费用构成：自2011年9月1日起，标准费用（适用于所有人）：每人3500元/月；附加费用（适用于外籍人员在华人员和在境外工作的中国公民的工资、薪金所得）：1300元/月。

2. 个体工商户的生产、经营所得。

以每一纳税年度的收入总额，减除成本、费用以及损失后的余额为应纳税所得额。

应纳税所得额＝全年收入总额－成本、费用以及损失

3. 对企事业单位的承包经营、承租经营所得。

对企事业单位的承包经营、承租经营所得，以每一纳税年度的收入总额减去必要费用后的余额，为应纳税所得额。减去必要费用是指比照工资扣除的标准费用，即自2011年9月1日起，每人3500元/月。

应纳税所得额＝纳税年度收入总额－必要费用

4. 劳务报酬所得、稿酬所得、特许权使用费所得、财产租赁所得。

每次收入不足4000元的，减除费用800元：

应纳税所得额＝每次收入额－800元

每次收入在4000元以上的减除20%的费用：

应纳税所得额＝每次收入额×（1－20%）

5. 其他所得项目。

财产转让所得，以转让财产的收入额减除财产原值和合理费用后的余额，为应纳税所得额。

利息、股息、红利所得，偶然所得和其他所得，以每次收入额为应纳税所得额。

6. 在计算应纳税所得额时应注意的问题。

首先，应注意每次收入的确定。《个人所得税法》对纳税义务人的劳务报酬所得，稿酬所得，特许权使用费所得，利息、股息、红利所得，财产租赁所得，偶然所得和其他所得等，都是明确应该按次计算征税的。

其次，关于公益救济性捐赠处理，个人将其所得通过中国境内的社会团体、国家机关向教育和其他公益事业以及遭受严重自然灾害地区、贫困地区捐赠，捐赠额未超过纳税义务人申报的应纳税所得额30%的部分，可以从应纳税所得额中扣除。

七、应纳税额的计算

1. 采用超额累进税率的所得项目。

工资、薪金所得，个体工商户的生产经营所得，对企事业单位的承包经营、承租经营所得和劳务报酬项目，采用超额累进税率，应纳税额的计算公式为：

应纳税额＝应纳税所得额×适用税率－速算扣除数

2. 采用比例税率的所得项目。

应纳税额＝应纳税所得额×适用税率

八、征纳管理

（一）税收优惠

1. 免纳个人所得税。

（1）省级人民政府、国务院部委和中国人民解放军军以上单位，以及外国组织颁发的科学、教育、技术、文化、卫生、体育、环境保护等方面的奖金。

（2）国债和国家发行的金融债券利息。

（3）按照国家统一规定发给的补贴、津贴。即是指按照国务院规定发给的政府特殊津贴和国务院规定免纳个人所得税的补贴、津贴。

（4）福利费、抚恤金、救济金。

（5）保险赔款。

（6）军人的转业费、复员费。

（7）按照国家统一规定发给干部、职工的安家费、退职费、退休工资、离休工资、离休生活补助费。

（8）依照我国有关法律规定应予免税的各国驻华使馆、领事馆的外交代表、领事官员和其他人员的所得。

（9）中国政府参加的国际公约以及签订的协议中规定免税的所得。

（10）经国务院财政部门批准免税的所得。

2. 经批准可减征个人所得税。

（1）残疾、孤老人员和烈属的所得。

（2）因严重自然灾害造成重大损失的。

（3）其他经国务院财政部门批准减税的。

（二）纳税方法

1. 自行申报纳税。

自行申报纳税，是由纳税人自行在税法规定的纳税期限内向税务机关申报取得的应税所得项目和数目，如实填写《个人所得税纳税申报表》，并按照税法规定计算应纳税额，据以缴纳税款。凡依据个人所得税法负有纳税义务的纳税人，有下列情形之一的，应当按照规定办理纳税申报：

（1）年所得12万元以上的。

（2）从中国境内两处或者两处以上取得工资、薪金所得的。

（3）从中国境外取得所得的。

（4）取得应税所得，没有扣缴义务人的。

（5）国务院规定的其他情形。

2. 代扣代缴。

我国税法规定，个人所得税以取得个人所得的个人为纳税人；以支付所得的单位和个人为扣缴义务人，扣缴义务人向个人支付下列所得时，不论纳税人是否属于本单位人员，均应代扣代缴个人所得税，扣缴义务人应设立代扣代缴税款账簿，正确反映个人所得税的扣缴情况，并如实填写《扣缴个人所得税报告表》及其他有关资料。

扣缴义务人每月所扣的税款应在次月7日内缴入国库，并向主管税务机关报送《扣缴个人所得税报告表》、代扣代缴税款凭证和包括每一纳税人姓名、单位、职务、收入、税款等内容的《支付个人收入明细表》以及主管税务机关要求报送的其他有关资料。

【实训资料一】

企业代扣代缴个人所得税业务处理。

一、模拟企业概况

纳税人名称：武汉荣达贸易有限责任公司

主营业务：电力设备的销售

法人代表：张荣国

营业地址及电话：武汉市洪山区书城路 134 号　027-87858888

开户银行及账号：民生银行武汉分行　23445

税务登记号：420101300011234

二、实训操作资料

武汉荣达贸易有限责任公司 2009 年 1 月本公司职工的工资如下表所示：

工资明细表

2009 年 1 月

单位：元

编号	姓名	基本工资	加班费	绩效奖金	其他补贴	住房公积金	基本养老保险	基本医疗保险	失业保险	"三险一金"合计	个人所得税	实发工资
001	吴敌	3800	500	300	456	760	228	76	1064	1064	405.4	3130.6
002	李民全	5000	100	300	600	1000	300	100	1400	1400	475	3525
003	洪林	6000	100	300	720	1200	360	120	1680	1680	583	4137
004	钱红	8000	200	300	960	1600	480	160	2240	2240	877	5383
005	李彤	4500	200	300	540	900	270	90	1260	1260	436	3304
006	庄立华	3800	200	300	456	760	228	76	1064	1064	360.4	2875.6

除了公司职工的工资以外，荣达公司 2 月还向个人支付了以下款项：

（1）支付实习人员付晓东实习工资 1200 元。

（2）支付胡大明设计劳务费 11000 元。

（3）因受让孙兴的某专利使用费 8000 元。

【实训操作】

（1）计算荣达公司应代扣代缴的个人所得税额。

（2）填报荣达公司《扣缴个人所得税报告表》及《支付个人收入明细表》。

（3）做相应的账务处理。

实训表1 　　　　　　　　　　**扣缴个人所得税报告表**

扣缴义务人编码：□□□□□□□□□□□□□□□□□□□

扣缴义务人名称（公章）：　　　　　　　　　　　　　　　金额单位：元（列至角分）

填表日期：　年　月　日

序号	纳税人姓名	身份证照类型	身份证照号码	国籍	所得项目	所得期间	收入额	免税收入额	允许扣除的税费	费用扣除标准	准予扣除的捐赠额	应纳税所得额	税率%	速算扣除数	应扣税额	已扣税额	备注
1	2	3	4	5	6	7	8	9	10	11	12	13	14	15	16	17	18
合计										—	—	—	—	—			

扣缴义务人声明	我声明：此扣缴报告表是根据国家税收法律、法规的规定填报的，我确定它是真实的、可靠的、完整的。 　　　　　　　　　　　　　　　　　　　　声明人签字：

会计主管签字：　　　　　　　　　负责人签字：

扣缴单位（或法定代表人）（签章）：

受理人（签章）：　　　　受理日期：　年　月　日 受理税务机关（签章）：

　　　　　　　　　　　　　　　　　　　　　　　　　国家税务总局监制

本表一式两份，一份扣缴义务人留存，一份报主管税务机关。

实训表2 **支付个人收入明细表**

扣缴义务人编码：

扣缴义务人名称（公章）：

金额单位：元（列至角分）

所属期：　　年　　月　　日至　　年　　月　　日

填表日期：　　年　　月　　日

姓名	身份证照类型及号码	收入项目						备注
		合计	工资薪金所得	承包、承租所得	劳务报酬所得	利息、股息、红利所得	其他各项所得	
1	2	3	4	5	6	7	8	9
合计								

制表人：　　　　　　　　　　　　　　　　　　审核人：

《支付个人收入明细表》填表说明：

（1）本表根据《中华人民共和国税收征收管理法》及其实施细则、《中华人民共和国个人所得税法》及其实施条例制定。各省、自治区、直辖市地方税务局可根据本地实际，本着有利征管、方便纳税人的原则，在本表样的基础上增加栏目和内容。

（2）适用范围：扣缴义务人向个人支付应税所得，但未达到纳税标准、没有扣缴税款的纳税人情况报送。

（3）"收入项目"栏填写金额，栏4+栏5+栏6+栏7+栏8＝栏3。

（4）非本单位雇员、非本期收入及其他有关事项应在备注栏中注明。

（5）"审核人"指单位的财务部门负责人。

（6）本表为A4纸横式，填写一式两份，扣缴义务人留存一份，报税务机关一份。

【总结和体会】

【教师评价】

【实训资料二】

个人独资、合伙企业个人所得税申报业务处理。

王强投资开办了一家酒楼，属于个人投资企业，该酒楼共有员工20人，2012年全年经营情况如下：取得营业收入总额1055000元，营业成本633000元，营业税金及附加52750元，管理费用83000元，财务费用1200元，营业外支出15000元，其中包含税收滞纳金4500元。

【实训操作】

请计算王强2012年应缴纳的个人所得税，并填制《个人独资企业和合伙企业投资者个人所得税申报表》。

实训表1　　个人独资企业和合伙企业投资者个人所得税申报表

地税编码：　　　申报期：　　年　　月　　日至　　月　　日

金额单位：元（列至角分）

投资者姓名				投资者身份证号码			
企业名称				企业电话			
企业地址			行业类别			企业银行账号	
项　　目	行次	本期数	累计数	补充资料			
一、收入总额	1						
减：成本	2						
费用、税金	3						
营业外支出	4			1. 年平均职工人数			
二、企业利润总额	5			＿＿＿＿人			
三、纳税调整增加额	6			2. 工资总额			
1. 超过规定标准扣除的项目	7			＿＿＿＿元			
（1）从业人员工资支出	8			3. 从其他企业取得的生产经营所得			
（2）职工福利费	9						
（3）职工教育经费	10			（1）　　　（分配比例　%）			
（4）工会经费	11			（2）　　　（分配比例　%）			
（5）利息支出	12			（3）　　　（分配比例　%）			
（6）广告费	13			（4）　　　（分配比例　%）			
（7）业务招待费	14						
（8）教育和公益事业捐赠	15						
（9）提取折旧费	16						
（10）无形资产摊销	17						

续表

项　目	行次	本期数	累计数	补充资料
（11）其他	18			
2. 不允许扣除的项目	19			
（1）资本性支出	20			
（2）无形资产受让、开发支出	21			
（3）违法经营罚款和被没收财物损失	22			填表人签字：_____
（4）税收滞纳金、罚金、罚款	23			
（5）灾害事故损失赔偿	24			纳税人签字：_____
（6）非教育和公益事业捐赠	25			
（7）各种赞助支出	26			
（8）计提的各种准备金	27			
（9）与收入无关的支出	28			
3. 应税收益项目	29			
（1）少计应税收益	30			
（2）未计应税收益	31			
四、纳税调整减少额	32			（本栏目由税务机关填写）
1. 国库券利息收入	33			
2. 弥补亏损	34			收到日期：
3. 其他	35			接收人：
五、经纳税调整后的生产经营所得	36			审核日期：
六、投资者的经营所得（分配比例　%）	37			审核记录：
加：投资者的工资	38			
减：弥补亏损	39			
减：投资者标准费用扣除额	40			
七、应纳所得税额	41			
八、适用税率	42			
减：速算扣除数	43			主管税务机关盖章
九、应纳所得税额	44			年　月　日
减：减、免所得税额	45			主管税务官员签字：
十、应缴入库所得税额	46			
减：实际已缴纳所得税额	47			
十一、期末应补（退）所得税额	48			

《个人独资企业和合伙企业投资者个人所得税申报表》填表说明：

一、本表适用于个人独资企业和合伙企业投资者月（季）度和年度汇算清缴时申报纳税。

二、个人独资企业的投资者以全部生产经营所得为应纳税所得额。

三、合伙企业以每一个合伙人为纳税义务人，分别填报本表。其投资者按照合伙企业的全部生产经营所得和合伙协议约定的分配比例确定应纳税所得额，合伙协议没有约定比例的，以全部生产经营所得和合伙人数量平均计算每个投资者的应纳税所得额。

四、申报表填写项目说明：

（一）"行业类别"按工业、商品流通企业、运输业、施工房地产开发业、旅游饮食服务业、邮电通信业、电影新闻出版业、农业、其他行业填列。

（二）根据不同的征收方式选择需填写的数据项：

1. 按"查账征收"时：填写除系统自动计算外的其他所有数据项。

2. 按"核定应税所得率征收"时：应区分填写项目是按"销售收入"或是"成本费用"的核算方式，分别选择企业相关的核算项目填写申报表。

（1）填写项目选择"销售收入"时，只需填写与收入有关的项目。

（2）填写项目选择"成本费用"时，只需填写与成本费用有关的项目。

3. 按"预征率征收"时：根据税务机关要求填写有关的数据项。

（三）第7行"超过规定标准扣除的项目"，是指企业超过《个人独资企业和合伙企业投资者征收个人所得税的规定》和其他有关税收规定（以下简称规定）的扣除标准，扣除的各种成本、费用和损失，应予调增应纳税所得额的部分。上述扣除标准，包括规定中列明的扣除标准，以及规定中虽未列明，但为国家统一财务会计制度规定标准兼容的部分。

（四）第19行"不允许扣除的项目"，是指规定不允许扣除，但企业已将其扣除的各项成本、费用和损失，应予调增应纳税所得额的部分。

（五）第29行"应税收益项目"，是指企业未计入应纳税所得额而应补报的收益，对属于计算上的差错或其他特殊原因而多报的收益，可以用负号表示。

（六）第33行"国库券利息收入"，是指企业将免于纳税但已计入收入的因购买国库券而取得的利息。

（七）第39行"弥补亏损"，是指企业根据规定，以前年度亏损允许在税前弥补而相应调减的应纳税所得额。

（八）第40行"投资者标准费用扣除额"，是指省、自治区、直辖市地方税务局规定允许扣除的投资者个人的费用扣除数额。

五、表内主要逻辑关系和计算方法：

（一）系统根据经纳税调整后的生产经营所得和个人的分摊比例算出本投资者的经营所得：

1. 按"查账征收"或"预征率征收"时，按会计核算方式计算。

2. 按"核定应税所得率"征收时有以下两种情况。

（1）选择按"销售收入"核算时：

本投资者经营所得＝收入总额×分摊比率×应税所得率

（2）选择按"成本费用"核算时：

本投资者经营所得＝成本费用支出额÷（1－应税所得率）×应税所得率×分摊比率

（二）应纳税所得额＝本投资者经营所得＋本投资者工资－本投资者标准费用扣除额＋从所有其他企业获得的生产经营所得。

（三）根据应纳税所得额从累进税率表中取出适用税率。

（四）应纳所得税额＝（应纳税所得额×适用税率－扣除数）×经纳税调整后的生产经营所得/经纳税调整后的生产经营所得与从所有其他企业获得的生产经营所得之和。

（五）期末应补（退）所得税额＝应缴入库所得税额＋期初未缴所得税额－实际已缴纳所得税额。

（六）开票税金＝应征税金－抵缴数－减免数－缓缴数。

【总结和体会】

【教师评价】

【案例】

年所得12万元以上的纳税人如何申报个人所得税

小赵是武汉市 M 区 A 公司（民营企业，非上市公司，税务登记号420101300011234）的技术骨干（工程师）并拥有公司的股份。2012 年小赵的全部收入及税款缴纳情况如下：

（1）全年每月取得工薪收入 14000 元，其中单位按规定为个人缴付和个人缴付"三险一金"合计2500元，公司按月扣缴税款。

（2）取得公司股权分红20000元，扣缴个人所得税4000元。

（3）利用业余时间为B公司提供劳务，取得劳务收入5000元，未缴个人所得税。

（4）购买国债，取得利息收入2000元。

（5）购买企业债券，取得利息收入1500元，没有扣缴个人所得税。

（6）出售家庭非唯一住房（原值700000元），取得转让收入860000元，按规定缴纳个人所得税23400元及其他税费43000元；转让另一所住房500000元，由于缺乏完整、准确的房屋原值凭证，当地税务机关按1%的比例核定征收个人所得税5000元。

（7）出租自有商铺给某公司，每月租金3500元，缴纳个人所得税500元及按国家规定缴纳的其他税费200元。

（8）转让沪市股票3次，分别取得收益80000元、15000元、-50000元。

（9）持有某上市公司A股股票，取得股息3000元，扣缴个人所得税300元。

（10）发明一项专利，让渡给某公司使用，取得收入40000元，扣缴个人所得税6400元。

（11）一次购买体育彩票，中奖9000元。

小赵取得的上述收入应如何办理纳税申报？

解答：小赵全年的收入来源渠道较多，适用的应税项目也多，有"工资、薪金所得"，"劳务报酬所得"，"特许权使用费所得"，"利息、股息、红利所得"，"财产租赁所得"和"财产转让所得"以及"偶然所得"等，这些收入在小赵取得时，由支付所得的单位作为扣缴义务人扣缴税款并向税务机关进行申报。另外，截至2012年年底，如果小赵的年所得达到12万元，他应该向主管地税机关办理年所得12万元以上的自行纳税申报。具体分析如下：

（一）日常取得收入时，小赵应纳税款的缴纳方式

按照个人所得税法及其实施条例，以及相关税收法律、法规的规定：

（1）每月取得的工资收入属于"工资、薪金所得"，税款由公司发放工资时代扣代缴。

（2）取得的A公司股权分红，属于"利息、股息、红利所得"项目，税款由公司发放时代扣代缴。

（3）取得的劳务报酬收入，属于"劳务报酬所得"项目，税款应由B公司在支付劳务报酬时代扣代缴。

（4）国债利息免纳个人所得税。小赵对此无须办理任何手续。

（5）企业债券利息所得，属于"利息、股息、红利所得"项目，应由兑付机构在兑付利息时适用20%税率代扣代缴个人所得税。

（6）转让家庭非唯一住房，小赵应在办理住房产权转让手续时向主管地税机关办理纳税申报并缴纳个人所得税23400元。

（7）出租房屋所得，属于"财产租赁所得"项目，税款由承租的公司代扣代缴。

（8）个人转让股票所得按照"财产转让所得"项目按规定暂免征收个人所得税。

（9）持有上市公司股票分红所得，属于"利息、股息、红利所得"项目，由公司在发放时，按照应纳税所得额的50%，适用20%的税率代扣代缴个人所得税。

（10）发明专利让渡给某公司使用，属于"特许权使用费所得"项目，由公司在支付收入时适用20%的税率代扣代缴个人所得税。

（11）体育彩票中奖所得，属于"偶然所得"项目。根据财税字〔1998〕12号文的规定，一次中奖收入不超过1万元的，暂免征收个人所得税。

（二）年度终了，小赵办理年所得12万元以上的自行纳税申报

小赵应在2013年3月底前，汇总上年度应税项目的收入额，看是否达到12万元，进而判断是否应该进行年所得12万元以上的自行申报。

1. 2012年度小赵年所得的计算。

根据小赵取得收入的情况，其年所得为：

年所得＝年工资、薪金所得＋年利息、股息、红利所得＋劳务报酬所得＋年财产转让所得＋年财产租赁所得＋年特许权使用费所得＋年偶然所得可剔除的所得

其中：

（1）年工资、薪金所得＝应发工资－"三险一金"

$$= （14000-2500）×12=138000（元）$$

（2）利息、股息、红利所得，按照收入额全额计算。针对小赵的情况，主要有第（2）、第（4）、第（5）、第（9）项收入。其中，第（4）项收入，根据《企业所得税法》第二十六条第（一）项的规定，国债利息属于免税所得，所以不含在年所得范围之内。

年利息、股息、红利所得＝公司分红＋企业债券利息＋股票分红

$$=20000+1500+3000=24500（元）$$

（3）劳务报酬所得，按照未扣除费用的收入额计算。

劳务报酬所得=5000元

（4）财产转让所得，按照应纳税所得额计算，即按照转让财产的收入额减除财产原值和转让财产过程中缴纳的税金及有关合理费用后的余额计算。针对小赵的情况，主要有第（6）、第（8）项收入。

①房屋转让所得=（860000−700000−43000）+500000×5%
　　　　　　　　=142000（元）

②股票转让所得=80000+15000−50000=45000（元）

年财产转让所得=187000元

（5）财产租赁所得，按照未减除费用和修缮费用的收入额计算。

年财产租赁所得=3500×12=42000（元）

（6）特许权使用费所得，按照未减除费用的收入额计算。

年特许权使用费所得=40000元

（7）偶然所得，按照收入额全额计算。

年偶然所得=9000元

综上：2010年小赵年所得=138000+24500+5000+187000+42000+40000+9000=445500（元）>1200000（元）

故小赵应该进行年所得12万元以上的自行申报。

2. 申报表的填写。

申报时，小赵应报送《个人所得税纳税申报表（适用于年所得12万元以上的纳税人申报）》和身份证复印件等。

由于申报表上需要填写小赵的年所得，以及各个所得项目的应纳税额、已缴税额、应补（退）税额等事项。因此，小赵应计算一下自己日常缴纳的税款是否正确。

（1）年工资、薪金所得应纳税款的计算：

公司每月应代扣工资、薪金所得应纳税额=（14000−2500−3500）×20%−555
　　　　　　　　　　　　　　　　　　=1045（元）

全年工资、薪金所得应纳税额=1045×12=12540（元）

小赵取得的工资、薪金所得已经由公司扣缴个人所得税申报时不补缴税款。

（2）年利息、股息、红利所得应纳税款的计算：

利息、股息、红利所得应纳税额=（20000+1500）×20%+3000×50%×20%
　　　　　　　　　　　　　　=4600（元）

股权分红及股息部分，已由支付单位执行了代扣代缴税款4300元，可以抵扣。小赵取得的企业债券利息收入 1500 元所得没有扣缴个人所得税，所以，小赵在申报时应补缴税款 300 元。

（3）劳务报酬所得应纳税额的计算：

$$劳务报酬所得应纳税额 = 应纳税所得额 \times 20\% = （收入-费用）\times 20\%$$
$$= 5000 \times （1-20\%）\times 20\% = 800（元）$$

因 B 公司在支付劳务报酬时没有代扣代缴税款，故在申报时应补缴税款 800 元。

（4）年财产转让所得应纳税款的计算：

$$财产转让所得应纳税额 = 股票转让应纳税额 + 住房转让应纳税额$$
$$= 45000 \times 20\% + 142000 \times 20\% = 37400（元）$$

（5）年财产租赁所得应纳税额的计算：

$$全年财产租赁所得应纳税额 = 每月应纳税所得额 \times 20\% \times 12$$
$$= （3500-200-800）\times 20\% \times 12 = 6000（元）$$

（6）年特许权使用费所得应纳税额的计算：

$$特许权使用费所得应纳税额 = 应纳税所得额 \times 20\% = （收入-费用）\times 20\%$$
$$= （40000-40000 \times 20\%）\times 20\% = 6400（元）$$

（7）年偶然所得应纳税额的计算：

按照政策规定，购买体育彩票一次中奖收入不超过 1 万元，暂免征个人所得税。

偶然所得应纳税额 = 0

3. 申报地点。

A 公司所在地主管地方税务机关。

因为小赵有任职、受雇单位，所以小赵应向任职地主管地税机关进行申报。

4. 申报期限。

2013 年 1 月 1 日至 3 月 31 日。

5. 申报方式。

网上申报、邮寄申报或直接到主管税务机关申报，也可委托有税务代理资质的中介机构或者他人代为办理纳税申报。

6. 其他。

小赵补缴税款以后，A 公司所在地主管地方税务机关应向小赵开具完税凭证。

小赵的《个人所得税纳税申报表》填列如下：

实训表1

个人所得税纳税申报表

（适用于年所得12万元以上的纳税人申报）

所得年份：2010年　　　　　　　　　　　　　　　填表日期：2011年3月1日

金额单位：人民币元（列至角分）

纳税人姓名	小赵	国籍（地区）	中国	身份证照类型	身份证	身份证照号码	4 2 0 1 0 6 1 9 7 1 0 3 1 1 6 4 9 1 4
任职、受雇单位	A公司	任职、受雇单位税务代码	4201013 00011234	任职、受雇单位所属行业	民营企业	职务	工程师	职业	技术人员
在华天数		境内有效联系地址	湖北省武汉市武昌区雄楚大道15号	境内有效联系地址邮编	武汉市115号邮箱	联系电话	13501234567
此行由取得经营所得的纳税人填写	经营单位纳税人识别号		经营单位纳税人名称				

所得项目	年所得额			应纳税所得额	应纳税额	已缴（扣）税额	抵扣税额	减免税额	应补税额	应退税额	备注
	境内	境外	合计								
1. 工资、薪金所得	138000		138000	96000	12540	12540	—	—	0	—	
2. 个体工商户的生产、经营所得				—	—	—	—	—	—	—	
3. 对企事业单位的承包经营、承租经营所得				—	—	—	—	—	—	—	
4. 劳务报酬所得	5000		5000	4000	800	0	—	—	800	—	

续表

所得项目	年所得额			应纳税所得额	应纳税额	已缴(扣)税额	抵扣税额	减免税额	应补税额	应退税额	备注
	境内	境外	合计								
5. 稿酬所得				—	—	—	—	—	—	—	
6. 特许权使用费所得	40000		40000	32000	6400	6400	—	—	0		
7. 利息、股息、红利所得	24500		24500	24500	4600	4300			300		
8. 财产租赁所得	42000		42000	30000	6000	6000			0		
9. 财产转让所得	187000		187000	142000	28400	28400			0		
其中：股票转让所得	45000		45000	0	0	0			0		
个人房屋转让所得	142000		142000	142000	28400	28400			0		
10. 偶然所得	9000		9000	0	0	0			0		
11. 其他所得				—	—	—	—	—	—	—	
合　计	4455000			328500	58740	57640			1100	—	

我声明，此纳税申报表是根据《中华人民共和国个人所得税法》及有关法律、法规的规定填报的，我保证它是真实的、可靠的、完整的。

纳税人（签字）：小赵

代理人（签章）：

联系电话：

税务机关受理时间：

税务机关受理人（签字）：

【实训资料三】

年收入超过 12 万元自行申报纳税案例：

小付为国内某公司的高级管理人员，2012 年全年的收入及扣缴情况如下：

（1）工资薪金所得每月收入 30000 元，公司代扣代缴个人所得税 3000 元。

（2）获得保险赔款 3500 元。

（3）在某高校进行职业讲座获得报酬 2000 元，高校扣缴了个人所得税 400 元。

（4）在上交所转让 A 股股票盈利 20000 元。

（5）出租自有商铺每月租金 3000 元。

（6）在一次有奖销售家电的活动中抽中一等奖，获得价值 8000 元的笔记本电脑一台。

【实训操作】

根据以上资料，替小付办理年终个人所得税纳税申报。

填表须知：

一、本表根据《中华人民共和国个人所得税法》及其实施条例和《个人所得税自行纳税申报办法（试行）》制定，适用于年所得 12 万元以上纳税人的年度自行申报。

二、负有纳税义务的个人，可以由本人或者委托他人于纳税年度终了后 3 个月内向主管税务机关报送本表。不能按照规定期限报送本表时，应当在规定的报送期限内提出申请，经当地税务机关批准，可以适当延期。

三、填写本表应当使用中文，也可以同时用中文、外文两种文字填写。

四、本表各栏的填写说明如下：

1. 所得年份和填表日期：

所得年份：填写纳税人实际取得所得的年度。

填表日期：填写纳税人办理纳税申报的实际日期。

2. 身份证照类型：

填写纳税人的有效身份证照（居民身份证、军人身份证件、护照、回乡证等）名称。

3. 身份证照号码：

填写中国居民纳税人的有效身份证照上的号码。

4. 任职、受雇单位：

填写纳税人的任职、受雇单位名称。纳税人有多个任职、受雇单位时，填

实训 1

个人所得税纳税申报表
（适用于年所得 12 万元以上的纳税人申报）

所得年份：　　年

金额单位：人民币元（列至角分）　　　　　　　　　　　　填表日期：　年　月　日

纳税人姓名		国籍（地区）		身份证照类型		身份证照号码	
任职、受雇单位		任职、受雇单位税务代码		任职、受雇单位所属行业		职务	职业
在华天数		境内有效联系地址		境内有效联系地址邮编		联系电话	
此行由取得经营所得的纳税人填写	经营单位纳税人识别号			经营单位纳税人名称			

所得项目	年所得额			应纳税所得额	应纳税额	已缴（扣）税额	抵扣税额	减免税额	应补税额	应退税额	备注
	境内	境外	合计								
1. 工资、薪金所得											
2. 个体工商户的生产、经营所得											
3. 对企事业单位的承包经营、承租经营所得											
4. 劳务报酬所得											

续表

所得项目	年所得额			应纳税所得额	应纳税额	已缴(扣)税额	抵扣税额	减免税额	应补税额	应退税额	备注
	境内	境外	合计								
5. 稿酬所得											
6. 特许权使用费所得											
7. 利息、股息、红利所得											
8. 财产租赁所得											
9. 财产转让所得											
其中：股票转让所得				—	—	—	—	—	—		
个人房屋转让所得											
10. 偶然所得											
11. 其他所得											
合　计				—							

我声明，此纳税申报表是根据《中华人民共和国个人所得税法》及有关法律、法规的规定填报的，我保证它是真实的、可靠的、完整的。

纳税人（签字）：

代理人（签章）：
联系电话：

税务机关受理人（签字）：

税务机关受理时间：

写受理申报的税务机关主管的任职、受雇单位。

5. 任职、受雇单位税务代码：填写受理申报的任职、受雇单位在税务机关办理税务登记或者扣缴登记的编码。

6. 任职、受雇单位所属行业：填写受理申报的任职、受雇单位所属的行业。其中，行业应按国民经济行业分类标准填写，一般填至大类。

7. 职务：填写纳税人在受理申报的任职、受雇单位所担任的职务。

8. 职业：填写纳税人的主要职业。

9. 在华天数：由中国境内无住所的纳税人填写在税款所属期内在华实际停留的总天数。

10. 中国境内有效联系地址：填写纳税人的住址或者有效联系地址。其中，中国有住所的纳税人应填写其经常居住地址。中国境内无住所居民住在公寓、宾馆、饭店的，应当填写公寓、宾馆、饭店名称和房间号码。

经常居住地，是指纳税人离开户籍所在地最后连续居住一年以上的地方。

11. 经营单位纳税人识别码、纳税人名称：纳税人取得的年所得中含个体工商户的生产、经营所得和对企事业单位的承包经营、承租经营所得时填写本栏。

纳税人识别码：填写税务登记证号码。

纳税人名称：填写个体工商户、个人独资企业、合伙企业名称，或者承包承租经营的企事业单位名称。

12. 年所得额：填写在纳税年度内取得相应所得项目的收入总额。年所得额按《个人所得税自行纳税申报办法》的规定计算。

各项所得的计算，以人民币为单位。所得以非人民币计算的，按照税法实施条例第四十三条的规定折合成人民币。

13. 应纳税所得额：填写按照个人所得税有关规定计算的应当缴纳个人所得税的所得额。

14. 已缴（扣）税额：填写取得该项目所得在中国境内已经缴纳或者扣缴义务人已经扣缴的税款。

15. 抵扣税额：填写个人所得税法允许抵扣的在中国境外已经缴纳的个人所得税税额。

16. 减免税额：填写个人所得税法允许减征或免征的个人所得税税额。

17. 本表为 A4 横式，一式两联，第一联报税务机关，第二联纳税人留存。

【总结和体会】

【教师评价】

第八章　其他税种的纳税实训

第一节　城市维护建设税纳税实训

【实训目的】

（1）练习城市维护建设税应纳税额的计算。

（2）练习城市维护建设税涉税会计核算，并编制相关会计分录。

（3）练习城市维护建设税的申报缴纳。

【知识链接】

《城市维护建设税纳税申报表》填表说明：

（1）根据《中华人民共和国税收征收管理法》及其实施细则、《中华人民共和国城市维护建设税暂行条例》等的有关规定，制定本表。

（2）本表"纳税人名称"栏，填写纳税人单位名称全称，并加盖公章，不得填写简称。

（3）本表"税款所属时期"填写纳税人申报的营业税应纳税额的所属时间，应填写具体的起止年、月、日。

（4）本表"填表日期"填写纳税人申报本表信息的具体日期。

（5）本表"开户银行"和"账号"填写纳税人在税务机关登记扣款的银行和对应账号。

（6）本表"计税金额"填写纳税人本期实际缴纳的营业税、增值税、消费税，以及本期先征后返、即征即退和"免、抵、退"的营业税、增值税、消费税税额的合计数。

【实训资料】

一、模拟企业概况

企业名称：天山卷烟厂

企业法人代表：张三

企业地址：武汉市三阳路 123 号

税务登记号：420521895645211

单位电话：80000001

企业办税人员：刘玲

开户银行及账号：中国建设银行三阳支行 123456-1

二、实训操作资料

天山卷烟厂 2010 年 10 月国内销售卷烟应缴纳增值税 60 万元，消费税 36 万元；出口卷烟应退增值税 10 万元，消费税 6 万元；经税务机关查核，补缴消费税 5 万元；因故拖欠缴纳增值税、消费税被征收滞纳金 2 万元。

【实训操作】

(1) 计算该企业应缴纳的城市维护建设税。

(2) 编制相应的会计分录。

(3) 填报《城市维护建设税纳税申报表》。

实训表 1　　　　　　　　　　**城市维护建设税纳税申报表**

填表日期：　　年　　月　　日　　　　　开户银行：

纳税人识别号：□□□□□□□□□□□□□□□　　　账　　号：

金额单位：人民币元（列至角分）

纳税人名称				税款所属时期		
计税依据	计税金额	税率	应纳税额	已纳税额	应补（退）税额	
1	2	3	4＝2×3	5	6＝4-5	
增值税						
营业税						
消费税						
合计						

如纳税人填报，由纳税人填写以下各栏			如委托代理人填报，由代理人填写以下各栏		备注
会计主管（签章）	经办人（签章）	纳税人（签章）　年　月　日	代理人名称	代理人（签章）	
			代理人地址		
			经办人	电话	
以下由税务机关填写					
收到申报表日期			接收人		

【相关提示】

城市维护建设税以"三税"税额为计税依据并同时征收，如果要免征或者减征"三税"，也就要同时免征或者减征城市维护建设税。但纳税人违反"三税"有关税法而加收的滞纳金和罚款，是税务机关对纳税人违法行为的经济制裁，不作为城市维护建设税的计税依据，而纳税人在被查补"三税"或被处以罚款时，应同时对其偷漏的城市维护建设税进行补税和罚款。海关对进口产品代征的增值税、消费税，不作为城市维护建设税的计税依据，不征城市维护建设税。但对出口产品退还增值税、消费税的，不退还已缴纳的城市维护建设税。

【总结和体会】

【教师评价】

第二节　房产税纳税实训

【实训目的】

（1）练习房产税应纳税额的计算。

（2）练习房产税涉税会计核算，并编制相关的会计分录。

（3）练习房产税的申报缴纳。

【知识链接】

《房产税纳税申报表》填写说明：

（1）本表适用于纳税人（首次）进行房产税申报纳税。对于同一税款所属期而纳税人多次申报的，实行差额申报，即该次申报不包含上次申报信息。

（2）表头说明：

①"纳税人识别号"指地方税务登记证号。

②"税款所属期"是指申报税款所属的时段。

③"申报流水号"是税务机关录入申报资料后计算机生成的顺序号，此号码由税务机关录入人员填写。

（3）主表说明：

①"纳税人名称"是指纳税人税务登记的全称。

②"注册地址"是指纳税人于工商登记的地址。

③"注册类型"是指纳税人于工商登记的企业类型。

④"开户银行"是指纳税人用于缴交税款账号所在的银行。

⑤"账号"是指纳税人用于缴纳税款的账号。

⑥纳税人按税务机关要求进行正常申报的选正常申报；根据税务机关的自查公告或在正常申报后，发现问题，进行补申报的，选择自查补报（该申报税款不收逾期申报罚款，但加收滞纳金）；纳税人在稽查局发出稽查通知书后就以往税期的税款进行申报的选择被查申报（该申报税款属稽查税款）；纳税人申请延期申报，经税务机关批准后，纳税人根据审批文书填写申报表预缴税款时，选延期申报预缴。延期申报预缴后在规定限期内进行申报的，选正常申报，并就与延期申报预缴额的差额进行申报。

⑦房产税"原值"指纳税人按照会计制度规定，在账簿"固定资产"科目中记载的房屋原价。

⑧房产税"余值"＝原值×（1-税法规定的扣除率）

⑨对同一房产，既有自用，又有出租的，应将其原值按自用面积和出租面积分开，分别按从价和从租申报，独立计算税额。

⑩对分多次申报缴纳的，本期数填写该次申报的税额。

（4）《房产税纳税申报表》一式两份，税务机关、纳税人各一份。

【实训资料一】

企业单位房产税纳税申报资料

一、模拟企业概况

纳税人名称：新港药业

主营业务：医药品生产及销售

法人代表：王明

营业地址：武汉市东湖高新开发区高新大道88号

开户银行及账号：中国工商银行武汉分行高新开发区支行　68888

税务登记号：420112000345678

二、实训操作资料

某企业2010年上半年企业共有房产原值4000万元，6月25日签订合同约定，7月1日起企业将原值200万元、占地面积400平方米的一栋仓库出租给某商场存放货物，租期1年，每月租金收入1.5万元。8月10日对委托施工单位建设的生产车间办理验收手续，由在建工程转入固定资产原值 500 万元（房产税计算余值的扣除比例 20%）。

【实训操作】

（1）计算该纳税人应缴纳的房产税。

（2）做相应的会计分录。

（3）填报《房产税纳税申报表》。

实训表 1　　　　　　　　　　　**房产税纳税申报表**

纳税人识别号：□□□□□□□□□□□□□□□

税款所属期：自　　年　　月　　日至　　年　　月　　日

申报流水号：　　　　　　　　填表日期：　　年　　月　　日　　　　　　　　单位：元

纳税人名称（盖章）				注册地址					注册类型			
开户银行				账号		联系电话			邮政编码			
房屋坐落地址	房产证号	征收品目	建筑面积	原值	年租金	余值	适用税率	全年应纳税额	缴纳次数	本　期			
										应纳税额	减免税额	抵缴税额	本期应缴税额
合计	—	—	—			—			—				
如纳税人填报，由纳税人填写以下各栏					如委托代理人填报，由代理人填写以下各栏								
本单位（公司、个人）所申报的以上内容真实、准确，如有虚假内容，愿意承担法律责任。 声明人签名：					本申报表是按国家税法和有关规定填写的，我确信是真实的、合法的。如有不实，愿意承担法律责任。 声明人签名：								
主管会计		经办人			税务代理机构名称		税务代理机构地址			经办人			
由税务机关填写	受理人签名： 　　年　　月　　日			审核人签名： 　　年　　月　　日			录入员签名： 　　年　　月　　日						

【相关提示】

（1）从价计征（也称从值计征），是对纳税人自用房产依照房产原值一次

【总结和体会】

【教师评价】

第三节　土地使用税纳税实训

【实训目的】

（1）练习土地使用税应纳税额的计算。

（2）练习土地使用税涉税会计核算，并编制相关的会计分录。

（3）练习土地使用税的申报缴纳。

【知识链接】

（1）本表适用于纳税人（首次）进行土地使用税申报纳税。对于同一税款所属期而纳税人多次申报的，实行差额申报，即该次申报不包含上次申报信息。

（2）表头说明：

①"纳税人识别号"指地方税务登记证号。

②"税款所属期"是指申报税款所属的时段。

③"申报流水号"是税务机关录入申报资料后计算机生成的顺序号，此号码由税务机关录入人员填写。

（3）主表说明：

①"纳税人名称"是指纳税人税务登记的全称。

②"注册地址"是指纳税人于工商登记的地址。

③"注册类型"是指纳税人于工商登记的企业类型。

④"开户银行"是指纳税人用于缴交税款账号所在的银行。

⑤"账号"是指纳税人用于缴纳税款的账号。

⑥纳税人按税务机关要求进行正常申报的选正常申报；根据税务机关的自查公告或在正常申报后，发现问题，进行补申报的，选择自查补报（该申报税款不收逾期申报罚款，但加收滞纳金）；纳税人在稽查局发出稽查通知书后就以往税期的税款进行申报的选择被查申报（该申报税款属稽查税款）；纳税

人申请延期申报，经税务机关批准后，纳税人根据审批文书填写申报表预缴税款时，选延期申报预缴；延期申报预缴后在规定限期内进行申报的，选正常申报，并就与延期申报预缴额的差额进行申报。

⑦对分多次申报缴纳的，本期数填写该次申报的税额。

⑧土地使用税"占用土地地址"，对于土地管理部门已核发土地证的，根据土地证填写。

（4）本表一式两份，税务机关、纳税人各一份。

【实训资料】

城镇土地使用税纳税申报资料。

一、模拟企业概况

纳税人名称：红星热力资源公司

主营业务：热力供应企业

法人代表：付雨润

营业地址及电话：武汉市青山区苏家湾123号　027-87858888

开户银行及账号：中国工商银行青山分行　955861181770012345

税务登记号：4201013000121315

二、实训操作资料

红星热力资源公司总占地面积74000平方米，具体使用情况如下表所示，其中，厂房用地当中有一间3000平方米的车间无偿提供给公安消防队使用，该厂区坐落地的土地等级为四级，城镇土地使用税率为4元/米²。

红星热力资源公司拥有城镇土地列表

用地项目	坐落地点	占用面积（米²）	土地等级
厂房	武汉市青山区苏家湾123号	63000	四级
行政办公楼	武汉市青山区苏家湾123号	5000	四级
厂办招待所	武汉市青山区苏家湾123号	2000	四级
厂办幼儿园	武汉市青山区苏家湾123号	1000	四级
厂区绿化用地	武汉市青山区苏家湾123号	3000	四级

【实训操作】

（1）计算红星热力资源公司本年应缴纳的城镇土地使用税。

（2）做相应的账务处理。

（3）填报《城镇土地使用税纳税申报表》。

实训表 1　　　　　　　　　　　　**城镇土地使用税纳税申报表**

纳税人识别号：☐☐☐☐☐☐☐☐☐☐☐☐☐☐☐☐☐☐

税款所属期：自　年　月　日至　年　月　日

申报流水号：　　　　　　　填表日期：　年　月　日　　　　　　单位：元、平方米

纳税人名称（盖章）				注册地址				注册类型			
开户银行			账号			联系电话		邮政编码			
占用土地地址	土地使用证号	征收品目	占地面积	免税土地面积	应税土地面积	土地等级	单位税额	全年应纳税额	缴纳次数	本　期			
										应纳税额	减免税额	抵缴税额	本期应缴税额
合计	—	—	—			—			—				
如纳税人填报，由纳税人填写以下各栏						如委托代理人填报，由代理人填写以下各栏							
本单位（公司、个人）所申报的以上内容真实、准确，如有虚假内容，愿意承担法律责任。 　　　　　　　　声明人签名：						本申报表是按国家税法和有关规定填写的，我确信是真实的、合法的。如有不实，愿意承担法律责任。 　　　　　　　声明人签名：							
主管会计		经办人			税务代理机构名称		税务代理机构地址			经办人			
由税务机关填写	受理人签名： 　年　月　日			审核人签名： 　年　月　日				录入员签名： 　年　月　日					

【相关提示】

　　城镇土地使用税纳税人，在征收大厅办理城镇土地使用税纳税申报时须同时填报《城镇土地使用税申报表明细表》。

实训表 2   **城镇土地使用税纳税申报表明细表**

纳税人识别号：☐☐☐☐☐☐☐☐☐☐☐☐☐☐☐☐☐☐

纳税人名称：（公章）

税款所属期：自　年　月　日至　年　月　日

填表日期：　年　月　日   单位：元、平方米

土地信息：			
土地证号		土地增（减）年、月*	
应税土地状态*		土地坐落地（区、市）*	
土地坐落地（办事处或乡镇）*		土地坐落地（路或街道）*	
土地坐落地（详细地点）*			
土地总面积*		免税土地面积*	
应税土地面积*			
自有土地信息：			
土地等级*		单位税额*	
使用集体土地信息：			
目前土地所有人*			
土地等级*		单位税额*	
非应税土地信息：			
非应税类型*		具体原因*	
出租土地信息：			
承租人纳税识别号*		承租人名称*	
出租土地面积*		年租金*	

《城镇土地使用税纳税申报表明细表》填表说明：

本表适用于城镇土地使用税纳税人填报，在征收大厅办理城镇土地使用税纳税申报须同纳税申报表同时填报，每宗土地填写一张明细表，带"＊"为必填项。

（1）应税土地状态包括三种：自用土地、使用非流转集体土地、非纳税状态。

"自用"状态，是指纳税人将同一土地用于经营的状态。对于同一处土地，如部分处于自用状态，部分处于非纳税状态，按照"自用"管理。

"使用非流转集体土地"状态，是指土地使用人使用尚未办理流转手续的集体土地的状态。对于同一处土地，如部分处于使用非流转集体土地状态，部

分处于非纳税状态，按照"使用非流转集体土地"管理。

"非纳税"状态，是指同一处土地虽在征税范围，但因法律法规的规定（包括条例性减免、备案类减免、审批类减免）全部土地在一定期限内不纳税的状态，非纳税状态土地是各类减免税土地的明细信息。

（2）"土地总面积"填写企业实际占用的土地面积，包括免税土地和应税土地。全面反映企业拥有土地情况。

（3）"免税面积"填写企业拥有的土地中按照条例、细则或税收规范性文件规定享受免税政策，而且无需经地方税务机关审批的部分。

（4）"应税土地面积"等于土地总面积减去免税面积。

（5）"土地等级"、"单位税额"。土地等级包括市区一级、二级、三级、四级、五级、六级、七级，单位税额分别为 24 元/米^2、14 元/米^2、12 元/米^2、10 元/米^2、8 元/米^2、6 元/米^2、4 元/米^2；县城、建制镇、工矿区，单位税额分别为 6 元/米^2、4 元/米^2、2.4 元/米^2、2.4 元/米^2。

（6）"非应税类型"包括条例性减免、备案性减免、审批类减免或其他。

（7）"具体原因"填写享受减免税的文号。

【总结和体会】

【教师评价】

第四节　车船税纳税实训

【实训目的】

（1）练习车船税应纳税额的计算。

（2）练习车船税涉税会计核算，并编制相关的会计分录。

（3）练习车船税的申报缴纳。

【知识链接】

《车船税纳税申报表》及附表使用填写说明：

（1）本表适用于中国境内各类车船使用税纳税人填报。

（2）"纳税人识别号"填写微机编码或纳税人税务登记字号。

（3）"车船类别"依照车船使用税税额表列举的不同车船种类分别填列。车辆部分应详细填列至项目。

（4）本表一式三联，第一联（黑色）纳税人留存；第二联（红色）用于税务会计核算；第三联（蓝色）主管税务机关存档。

（5）纳税人不能按规定期限报送本表时，应当在规定的报送期限内提交延期申报申请审批表，经税务机关批准，可以适当延长期限。

（6）不按照规定期限报送本表及其他有关资料的，依照《税收征管法》第39条的规定予以处罚。

（7）本表有关内容按以下要求填写：

①纳税人识别号：填写办理税务登记时，由税务机关确定的税务登记号。

②纳税人名称：填写企业全称或业户字号，无字号的填业主姓名，并应与工商登记或主管部门批准的名称一致。

③计税吨位（座位）：船舶和载货汽车依照不同吨位的车船分别填列。其他车辆依照车船使用税税额表规定的不同税额标准分别填列。

④年应纳税额＝计税吨位×数量×单位税额或＝计税车辆数×单位税额。

【实训资料一】

一、模拟企业概况

纳税人名称：红星运输公司

主营业务：货物运输

法人代表：付雨润

营业地址及电话：武汉市青山区苏家湾123号　027-87858888

开户银行及账号：中国工商银行青山分行　9558611817700012345

税务登记号：4201013000121315

二、实训操作资料

2010年某运输公司拥有汽车40辆（每辆自重10吨），其中10辆为2008年5月新购置，车船管理部门核发的行驶证书所记载日期是5月15日，载货汽车年应纳税额每吨100元。

【实训操作】

（1）计算红星运输公司2010年应缴纳的车船税。

（2）做相应账务处理。

（3）填制《车船税纳税申报表》。

实训表 1　　　　　　　　　　**车船税纳税申报表**

纳税人识别号：□□□□□□□□□□□□□□□□□□□

纳税人名称：（公章）

税款所属期：自　年　月　日至　年　月　日

填表日期：　年　月　日　　　　　　　　　　　金额单位：元

车船类别		计税单位	税额标准	数量	吨位	本期应纳税额	本期已缴税额	本期应补（退）税额
载客汽车	乘坐人数大于或等于 20 人	每辆						
	乘坐人数大于 9 人小于 20 人	每辆						
	乘坐人数小于或等于 9 人	每辆						
	发动机气缸总排气量小于或等于 1 升	每辆						
载货汽车（包括半挂牵引车、挂车）		按自重每吨						
三轮汽车		按自重每吨						
低速货车		按自重每吨						
摩托车		每辆						
专项作业车		按自重每吨						
轮式专用机械车		按自重每吨						
小　计			—					
船舶	净吨位小于或等于 200 吨	每吨	3 元					
	净吨位 201 吨至 2000 吨	每吨	4 元					
	净吨位 2001 吨至 10000 吨	每吨	5 元					
	净吨位 10001 吨及其以上	每吨	6 元					
小　计			—					
合　计								

纳税人或代理人声明：	如纳税人填报，由纳税人填写以下各栏					
此纳税申报表是根据国家税收法律的规定填报的，我确信它是真实的、可靠的、完整的。	经办人（签章）		会计主管（签章）		法定代表人（签章）	
	如委托代理人填报，由代理人填写以下各栏				代理人（公章）	
	代理人名称					
	经办人（签章）					
	联系电话					

注：（1）本表适用于自行申报车船税的纳税人填报。

　　（2）本表"车船类别"相应栏次分别根据《附表》同类别车船对应栏次合计填写。

【相关提示】

（1）车船税的纳税义务发生时间，为车船管理部门核发的车船登记证书或者行驶证书所记载日期的当月。车船税按年申报缴纳，使用不足一年的，按月计算。

（2）拖船、非机动驳船的应纳税额=净吨位数×适用税率×15%。

【总结和体会】

【教师评价】

【实训资料二】

一、模拟企业概况

纳税人名称：红星保险公司

主营业务：财产保险

法人代表：付雨润

营业地址及电话：武汉市武昌区中南路 123 号　027-87858888

开户银行及账号：中国工商银行武昌分行　955861181770012345

税务登记号：4201013000121315

二、实训操作资料

2011 年 5 月，在开展财产（车辆）保险业务时，其客户甲运输公司拥有汽车 40 辆（每辆自重 10 吨），载货汽车年应纳税额每吨 100 元；拥有小轿车 3 辆，年应纳税额为每辆 420 元。

【实训操作】

根据所给资料计算保险公司应代收代缴车船税，并填制《代收代缴车船税纳税申报表》。

【相关提示】

自 2007 年起，车船税实行纳税人自行缴纳和由从事机动车交通事故责任强制保险业务的保险机构代收代缴。机动车车船税的扣缴义务人依法代收代缴车船税时，纳税人不得拒绝。

实训表1 **代收代缴车船税纳税申报表**

扣缴义务人名称：

纳税人识别号：

所属时期： 年 月 日至 年 月 日

填表日期： 年 月 日 税额单位：元

机动车种类	核定载客（整备质量）	计税单位及数量		年单位税额	应纳税额	免征税额	减征税额	已缴或扣除额	实缴金额	往年补缴	滞纳金
		辆	辆（吨）								
1	2	3	4=∑	5	6=4×5	7	8	9	10=6-7-8-9	11	12
载客汽车	大型客车（20人及其以上）			480							
	中型客车（10~19人）			420							
	小型客车（9人及其以下）			360							
	微型客车（排气量小于或者等于1升）			240							
载货汽车（包括半挂牵引车、挂车）	按自重每吨			60							
三轮汽车、低速货车	按自重每吨			60							
专项作业车、轮式专用机械车	按自重每吨			60							
摩托车				60							
合计											

财务负责人： 纳税申报经办人： 纳税人电话： 受理税务机关：

实训表 2　　　　　　　　　　**代收代缴车船税申报明细表**

扣缴义务人名称：

纳税人识别号：

所属时期：　　年　月　日至　　年　月　日

填表日期：　　年　月　日　　　　　　　　　　税额单位：元

被保险人（车主）	组织机构代码（或纳税人识别号、身份证件号码）	车辆牌照号码或车架号	机动车种类	核定载客、整备质量	计税单位	年单位税额	应纳税额	免征税额	减征税额	已缴或扣除额	减免税证明号（完税凭证号）	当年实缴税额	往年补缴	滞纳金	保险单号	保险起止期间	
																年月日	年月日
1	2	3	4	5	6	7	8=6×7	9	10	11	12	13=8-9-10-11	14	15	16	17	18
合计																	

财务负责人：　　　　　纳税申报经办人：　　　　　纳税人电话：　　　　　受理税务机关：

《代收代缴车船税纳税申报表》填表说明：

（1）本表适用于保险机构申报解缴代收的车船税税款。

（2）表头项目的填写说明如下：

①扣缴义务人名称：填写代收代缴车船税的保险机构的全称并加盖公章。

②纳税人识别号：填写税务机关为扣缴义务人确定的税务识别号。

③所属时期：填写扣缴义务人代收代缴车船税税款的所属时期。

④填表日期：是指扣缴义务人填制本表的具体日期。

（3）表内项目的填写说明如下：

①三轮汽车、低速货车：三轮汽车是指在车辆管理部门登记为三轮汽车或者三轮农用运输车的机动车；低速货车是指在车辆管理部门登记为低速货车或者四轮农用运输车的机动车。

②专项作业车、轮式专用机械车：专项作业车是指装置有专用设备或者器具，用于专项作业的机动车；轮式专用机械车是指具有装卸、挖掘、平整等设备的轮式自行机械。

③计税单位：载客汽车、摩托车的计税单位为每辆；载货汽车（包括半挂牵引车、挂车）、三轮汽车、低速货车、专项作业车和轮式专用机械车的计税单位为自重（整备质量）每吨。

④车辆自重尾数在 0.5 吨以下（含 0.5 吨）的，按照 0.5 吨计算；超过 0.5 吨的按照 1 吨计算。

⑤客货两用汽车按照载货汽车的计税单位和税额标准计算。

⑥第 3 栏：填列各类机动车的辆数。

⑦第 4 栏：填列载客汽车、摩托车的总辆数和其他各类机动车的自重的总吨位数。

⑧第 6 栏为"应纳税额"的计算。

计算公式：应纳税额 $= \sum$ 计税单位 $\times$ 年单位税额

⑨第 7 栏"免征税额"：填写经认定的拖拉机、军队和武警专用车辆、警用车辆等条例规定的免税车辆的免税数额。

计算公式：免征税额 $= \sum$ 计税单位 $\times$ 年单位税额

⑩第 8 栏"减征税额"：填写减税车辆的减税数额。

计算公式：减征税额 = 减税前应纳税额 × 减税幅度

$$= \sum 计税单位 \times 年单位税额 \times 减税幅度$$

⑪第 9 栏"已缴或扣除额"：已缴是指纳税人已直接向地方税务机关申报

缴纳了车船税,凭完税凭证号中已缴纳的车船税金额填列;"扣除额"是指因各种原因(如年度中新购置的车辆)导致应纳车船税的时间不足一年,按规定应当减征的月份税额。

扣除额=应纳税额÷12×减征的月份数

⑫第11栏"往年补缴":填写保险机构代收代缴纳税人以前年度欠缴车船税税款。

⑬第12栏"滞纳金":填写保险机构代收代缴纳税人以前年度欠缴车船税税款应加收的滞纳金数额。

《代收代缴车船税申报明细表》填表说明:

(1)表头项目的填写,同《代收代缴车船税纳税申报表》填表说明。

(2)表内项目的填写说明如下:

①第1栏:被保险人是单位的,填写单位的全称;是个体业户或自然人的填写车主的姓名。

②第2栏:被保险人是经营单位的,填写纳税人识别号;是私营企业、个体业户或自然人的填写身份证号码;党政机关或其他单位的填写组织机构代码。

③第3栏:按《中华人民共和国机动车行驶证》(以下简称《行驶证》),标明的号牌号码据实填写。

④第4栏:按《行驶证》标明的车辆类型填写。

⑤第5栏:按《行驶证》标明的核定载客人数或整备质量填写。

⑥第6栏:按辆或吨填写。

⑦第7栏:本办法附件三《车船税税目税额表》,对应填写。

⑧第9、10、11、14、15栏的填写,同《代收代缴车船税纳税申报表》填表说明的相关内容。

【相关提示】

自2007年起,车船税实行纳税人自行缴纳和由从事机动车交通事故责任强制保险业务的保险机构代收代缴。机动车车船税的扣缴义务人依法代收代缴车船税时,纳税人不得拒绝。

【总结和体会】

【教师评价】

第五节 契税纳税实训

【实训目的】

（1）练习契税应纳税额的计算。

（2）练习契税涉税会计核算，并编制相关会计分录。

（3）练习契税的申报缴纳。

【知识链接】

《契税纳税申报表》填表说明：

（1）本表依据《中华人民共和国税收征收管理法》《中华人民共和国契税暂行条例》设计制定。

（2）本表适用于在中国境内承受土地、房屋权属的单位和个人。纳税人应当在签订土地、房屋权属转移合同或者取得其他具有土地、房屋权属转移合同性质凭证后10日内，向土地、房屋所在地契税征收机关填报《契税纳税申报表》，申报纳税。

（3）本表各栏的填写说明如下：

①承受方及转让方名称：承受方、转让方是单位的，应按照人事部门批准或者工商部门注册登记的全称填写；承受方、转让方是个人的，则填写本人姓名。

②承受方、转让方识别号：承受方、转让方是单位的，填写税务登记号；没有税务登记号的，填写组织机构代码。承受方、转让方是个人的，填写个人身份证号或护照号。

③合同签订时间：指承受方签订土地、房屋转移合同的当日，或其取得其他具有土地、房屋转移合同性质凭证的当日。

④权属转移类别：（土地）出让、买卖、赠与、交换、作价入股等行为。

⑤成交价格：土地、房屋权属转移合同确定的价格（包括承受者应交付的货币、实物、无形资产或者其他经济利益，折算成人民币金额填写）。计税价格，是指由征收机关按照《中华人民共和国契税暂行条例》第四条确定的成交价格、差价或者核定价格。

⑥计征税额=计税价格×税率，应纳税额=计征税额-减免税额。

【实训资料一】

一、模拟企业概况

纳税人名称：红星热力资源公司

主营业务：热力供应

法人代表：付雨润

营业地址及电话：武汉市青山区苏家湾 123 号　027-87858888

开户银行及账号：中国工商银行青山分行　955861181770012345

税务登记号：4201013000121315

二、实训操作资料

红星热力资源公司从当地政府手中购买一块土地的使用权，支付土地出让金 200 万元，当地政府规定契税税率为 4%。

【实训操作】

（1）计算红星热力资源公司 2009 年应缴纳的城镇土地使用税。

（2）编制相关会计分录。

（3）填报《契税纳税申报表》。

实训表 1　　　　　　　　　　　　**契税纳税申报表**

填表日期：　　年　　月　　日　　　　　　　　　　　　　单位：元、平方米

承受方	名称		识别号	
	地址		联系电话	
转让方	名称		识别号	
	地址		联系电话	
土地、房屋权属转移	合同签订时间			
	土地、房屋地址			
	权属转移类别			
	权属转移面积			平方米
	成交价格			元
适用税率				
计征税额				元
减免税额				元
应纳税额				元
纳税人员签章			经办人员签章	

续表

（以下部分由征收机关负责填写）					
征收机关 收到日期		接收人		审核日期	
审　核 记　录					
审核人员 签　章			征收机关 签　章		

注：本表 A4 纸竖式，一式两份，一份由纳税人保存，一份由主管征收机关留存。

【实训资料二】

居民甲有两套住宅，将其中一套出售给居民乙，成交价格为 200000 元；将另一套与居民丙换成两处一室住宅，并支付交换差价 40000 元。假设当地政府规定的契税税率为 4%。

【实训操作】

试分析甲、乙、丙相关行为应缴纳的契税，并计算甲、乙各自应纳契税金额。

【相关提示】

（1）从 1999 年 8 月 1 日起，根据《财政部、国家税务总局关于调整房地产市场若干税收政策的通知》的规定，个人购买自用普通住宅，暂减半征收契税。

（2）个人缴纳契税采取简易申报缴纳方式，即申报与缴纳同时进行。

（3）申请纳税时，应带好以下纳税资料：

①商品房：购房发票，购房收据，购房合同，商品房备案卡。

②房改房：《公房出售审批表》，公房出售收据（扩档的需提供扩档收据）。

③拆迁安置房：拆迁安置协议，补充协议，购房有关资料。

④二手房：交易所受理单，买卖契约，前道契证原件。单位之间买卖还需提供收款收据。

⑤土地契税：土地管理局联系单，土地出让或转让合同。

（4）办税程序。

①契税申报受理窗领取《契税纳税申报表》，正确填写，并准备好有关纳税资料（原件备验、复印件财税机关留存）［所需资料见以上第（3）条］。

②向契税申报受理窗递交已填写的《契税纳税申报表》及有关纳税资料。财税人员审核后，在《契税纳税申报表》记录审查意见。

③在契税征收开票窗递交已经审核后的资料，等候开具《契税缴款书》。持《契税缴款书》到银行收款处缴纳契税。

④持已加盖银行收讫章的《契税缴款书》到契税征收开票窗领取《契证》。

⑤凭《契证》存根联到房地产部门领取权属证书。

【总结和体会】

【教师评价】

第六节　印花税纳税实训

【实训目的】

（1）练习印花税应纳税额的计算。

（2）练习印花税涉税会计核算，并编制相关会计分录。

（3）练习印花税的申报缴纳。

【知识链接】

《印花税纳税申报表》填表说明：

（1）适用范围：此表由印花税纳税单位填写。

（2）本表于年度终了后10日内向所在地地方税务机关申报。

（3）大额缴款、贴花完税不论采取哪种方式完税的凭证均填本申报表。

（4）份数栏：填写当年已完税的各印花税应税凭证的总份数。

（5）计税金额栏：填写当年已完税的各印花税应税凭证所载计税的总金额。

（6）已纳税额栏：已纳税额＝计税金额×税率。

（7）合计行=购销合同行至其他行的合计。

【实训资料】

一、模拟企业概况

纳税人名称：红星粮油进出口公司

主营业务：粮油进出口

法人代表：王磊

营业地址及电话：武汉市青山区苏家湾 123 号　027-87858888

开户银行及账号：中国工商银行青山分行　9558611817770012345

税务登记号：4201013000121315

二、实训操作资料

粮油进出口公司 2010 年 12 月发生下述业务并书立有关合同、凭证或单据：

（1）购销合同所载金额 780 万元；另与仓储运输企业签订协议，以价值 6 万元的原粮换取粮食储运仓库租赁使用一年；与境外客商洽谈粮油出口贸易 1200 万元，以订单形式确认粮食出口的数量、规格、单位和价格、交货日期、结算方式，此为双方正式协议，本月以信用证结算方式结算货款 650 万元。

（2）本月与一植物油生产加工企业签订豆油加工合同，合同金额 218 万元，其中：由受托方提供原料金额 170 万元，辅料 8 万元，余下为加工费金额。

（3）本月运输单据结算运费金额总计 5.9 万元，其中装卸费、堆存费 1.9 万元。

（4）该公司 1998 年办理工商登记，固定资产原值和自有流动资金总额为 1500 万元，已纳印花税 7500 元。2001 年初实收资本和资本公积为 1800 万元，未补贴印花税，至 2010 年 12 月实收资本和资本公积账户总和为 2100 万元。

（5）上期结存印花税票 1200 元，本期购进 2000 元，本期贴花 3000 元。

【实训操作】

（1）计算红星粮油进出口公司 2010 年 12 月应缴纳的印花税。

（2）做相应的账务处理。

（3）填报《印花税纳税申报表》。

实训表 1　　　　　　　　　**印花税纳税申报表**

税务计算机代码：

税款所属期：　年　月　日至　年　月　日　　　　　单位：元（列至角分）

单位名称				
税　目	份数	计税金额	税率	已纳税额
购销合同			0.3‰	
加工承揽合同			0.5‰	
建设工程勘察设计合同			0.5‰	
建筑安装工程承包合同			0.3‰	
财产租赁合同			1‰	
货物运输合同			0.5‰	
仓储保管合同			1‰	
借款合同			0.05‰	
财产保险合同			1‰	
技术合同			0.3‰	
产权转移书据			0.5‰	
账簿　资金账簿			0.5‰	
其他账簿	件		5元	
权利许可证照	件		5元	
其他				
合　计				

　　根据印花税暂行条例规定应缴纳印花税的凭证在书立和领受时贴花完税，我单位应纳税凭证均已按规定缴纳，本报表中已纳税额栏填写数字与应纳税额是一致的。

经办人（签章）：

登记申报单位 （盖章）	企业财务负责人 （盖章）	税务机关受理申报日期： 受理人（签章）： 　年　月　日

【相关提示】

（1）同一凭证因载有两个或两个以上经济事项而适用不同税目税率，如果分别记载金额，应分别记载应纳税额，相加后按合计金额贴花；未分别记载金额的，按税率高的计税贴花。

（2）按金额比例贴花的应税凭证，未标明金额的，应按照凭证所载数量及国家牌价计算金额；没有国家牌价的，按市场价格计算金额，按规定税率计算应纳税额。

（3）有些合同，在签订时无法确定计税金额，在签订时先按定额 5 元贴花，以后结算时再按实际金额计税，补贴印花。

（4）已缴纳印花税的凭证副本或抄本，是指凭证正式签署本已按规定缴纳了印花税，其副本或者抄本不对外发生权利义务关系，仅备存查的凭证。

（5）应纳税额不足 1 角的，免纳印花税；1 角以上的，其税额尾数不满 5 分的不计，满 5 分的按 1 角计算。但财产租赁合同的应纳税额不足 1 元的，按 1 元计税。

实训表 2　　　　　　　　　**代扣代缴证券交易印花税报告表**

填表日期：　年　月　日　　　　　　　　　　　金额单位：人民币元

本期税款所属时间：自　年　月　日至　年　月　日

代扣代缴义务人编码						
代扣代缴人名称：	地址：		邮政编码：		电话号码：	
业别：	开户银行：		银行账号：			
应税项目	本期交易 （转让）金额	本年累计 交易金额	税率 （‰）	本期代扣 税额	本年入库 税额	本年累计 入库税额
A 种股票						
B 种股票						
非交易 转让股票						
合计						

代扣代缴人签章：

税务机关征管人员：

【总结和体会】

【教师评价】

第七节　车辆购置税纳税实训

【实训目的】

（1）练习车辆购置税应纳税额的计算。

（2）练习车辆购置税涉税会计核算，并编制相关会计分录。

（3）练习车辆购置税的申报缴纳。

【知识链接】

《车辆购置税纳税申报表》填表说明：

（1）本表由车辆购置税纳税人（或代理人）在办理纳税申报时填写。

（2）"纳税人名称"栏，填写车主名称。

（3）"纳税人证件名称"栏，单位车辆填写组织机构代码证书；个人车辆填写居民身份证或其他身份证件名称。

（4）"证件号码"栏，填写组织机构代码证书、居民身份证及其他身份证件的号码。

（5）"车辆类别"栏，在表中所列项目中画"√"。

（6）"生产企业名称"栏，国产车辆填写国内生产企业名称，进口车辆填写国外生产企业名称。

（7）"厂牌型号""发动机号码""车辆识别代号（车架号码）"栏，分别填写车辆整车出厂合格证或《中华人民共和国海关货物进口证明书》或《中华人民共和国海关监管车辆进（出）境领（销）牌照通知书》或《没收走私汽车、摩托车证明书》中注明的产品型号、车辆识别代号（VIN，车架号码）。

（8）"购置日期"栏，填写机动车销售统一发票（或有效凭证）上注明的日期。

（9）"机动车销售统一发票（或有效凭证）价格"栏，填写机动车销售统一发票（或有效凭证）上注明的价费合计金额。

（10）"免（减）税条件"栏，按下列项目选择字母填写：

①外国驻华使馆、领事馆和国际组织驻华机构及其外交人员自用的车辆。

②中国人民解放军和中国人民武装警察部队列入军队武器装备订货计划的车辆。

③设有固定装置的非运输车辆。

④在外留学人员（含港、澳）回国服务的，购买的国产汽车。

⑤来华定居专家进口自用或境内购置的汽车。

⑥其他免税、减税车辆。

（11）下列栏次由进口自用车辆的纳税人填写：

①"关税完税价格"栏，填写《海关关税专用缴款书》中注明的关税计税价格。

②"关税"栏，填写《海关关税专用缴款书》中注明的关税税额。

③"消费税"栏，填写《海关代征消费税专用缴款书》中注明的消费税税额。

（12）"申报计税价格"栏，分别按下列要求填写：

①境内购置车辆，按机动车销售统一发票注明的价费合计金额÷（1+17%）填写。

②进口自用车辆，填写计税价格。计税价格 = 关税完税价格 + 关税 + 消费税。

③自产、受赠、获奖或者以其他方式取得并自用的车辆，按机动车销售统一发票（或有效凭证）注明的价费合计金额÷（1+17%）填写。

（13）"计税价格"栏，经税务机关辅导后填写：

①填写最低计税价格。

②底盘发生更换的车辆，按主管税务机关提供的最低计税价格的70%填写。

③免税条件消失的车辆，自初次办理纳税申报之日起，使用年限未满10年的，按主管税务机关提供的最低计税价格每满1年扣减10%填写。未满1年的按主管税务机关提供的最低计税价格填写。使用年限10年（含）以上的，填写0。

（14）"应纳税额"栏，计算公式如下：

①计税依据为申报计税价格的，应纳税额 = 申报计税价格栏 × 税率。

②计税依据为计税价格的，应纳税额 = 计税价格栏 × 税率。

（15）本表一式两份（一车一表），一份由纳税人留存，一份由主管税务机关留存。

【实训资料】

一、模拟企业概况

纳税人名称：红星热力资源公司

主营业务：热力供应

法人代表：付雨润

营业地址及电话：武汉市青山区苏家湾 123 号　027-87858888

开户银行及账号：中国工商银行青山分行　955861181770012345

税务登记号：4201013000121315

二、实训操作资料

红星热力资源公司 2011 年 2 月 15 日因办公需要从神龙汽车公司购买 C5 系列小轿车一辆。购车发票上注明价格 25 万元（含增值税）。发动机号 CF55555，车架号码 CJ66666。

【实训操作】

（1）计算红星热力资源公司 2010 年应缴纳的车辆购置税。

（2）做相应的账务处理。

（3）填报《车辆购置税纳税申报表》。

实训表 1　　　　　　　　　　**车辆购置税纳税申报表**

填表日期：　　年　　月　　日　　　　　行业代码：　　　　　　　　注册类型代码：

纳税人名称：　　　　　　　　　　　　　　　　　　　　　　金额单位：元

纳税人证件名称		证件号码		
联系电话		邮政编码	地址	
车辆基本情况				
车辆类别	1. 汽车　2. 摩托车　3. 电车　4. 挂车　5. 农用运输车			
生产企业名称		机动车销售统一发票（或有效凭证）价格		
厂牌型号		关税完税价格		
发动机号码		关税		
车辆识别代号（车架号码）		消费税		
购置日期		免（减）税条件		
申报计税价格	计税价格	税率	免税、减税额	应纳税额
1	2	3	4＝2×3	5＝1×3 或 2×3
		10%		

申报人声明	授权声明		
此纳税申报表是根据《中华人民共和国车辆购置税暂行条例》的规定填报的，我相信它是真实的、可靠的、完整的。 　　　　　　　　声明人签字：	如果你已委托代理人申报，请填写以下资料： 　　为代理一切税务事宜，现授权（　　　），地址（　　　）为本纳税人的代理申报人，任何与本申报表有关的往来文件，都可寄予此人。 　　　　　　　　授权人签字：		
纳税人签名或盖章	如委托代理人的，代理人应填写以下各栏		
	代理人名称		代理人（章）
	地　　址		
	经办人		
	电　　话		
接收人：			
接收日期：	主管税务机关（章）：		

【相关提示】

　　纳税人在办理车辆购置税的纳税申报时，如有下列情况，则需填写下列相关附表：

　　附表1：纳税人在申请办理车辆购置税的免税、减税时填写《车辆购置税免（减）税申请表》。

　　附表2：纳税人在申请办理换（补）车辆购置税完税证明时填写《换（补）车辆购置税完税证明申请表》。

　　附表3：纳税人在办理申请退税时填写《车辆购置税退税申请表》。

　　附表4：发生车辆过户、转籍、变更档案手续时填写《车辆变动情况登记表》。

附表1　　　　　　　　　　**车辆购置税免（减）税申请表**

填表日期：　　年　　月　　日

纳税人名称 （签字）			生产企业 名称（公章）	
联系电话		邮政编码	地址	
车辆基本情况				
车辆类别	1. 汽车；2. 摩托车；3. 电车； 4. 挂车；5. 农用运输车		发动机号码	
厂牌型号			车辆识别代号 （车架号码）	
购置日期			机动车销售统一发票 （或有效凭证）号码	
免（减）税条件				
以下由税务机关填写				
接收人			接收日期	
主管税务机关意见： （公章） 　年　月　日 负责人： 经办人：	地市级国家税务局意见： （公章） 　年　月　日 负责人： 经办人：		省、自治区、直辖市、计划单列市 国家税务局意见： （公章） 　　年　月　日 负责人： 经办人：	
国家税务总局意见： 　　　　　　　　　　　　　　　　　　　　　（公章） 　　　　　　　　　　　　　　　　　　年　月　日 负责人： 经办人：				

《车辆购置税免（减）税申请表》填表说明：

（1）本表由车辆购置税纳税人在申请免税、减税时填写。设有固定装置的非运输车辆生产企业在申请列入《设有固定装置免税车辆图册》时，也应填写本表。

（2）申请列入《设有固定装置免税车辆图册》的生产企业，"纳税人名称

（签字）"、"发动机号码"、"车辆识别代号（车架号码）"、"购置日期"、"机动车销售统一发票（或有效凭证）号码"五栏不填写。

（3）"车辆类别"栏，在表中所列项目中画"√"。

（4）"厂牌型号"、"发动机号码"、"车辆识别代号（车架号码）"栏，分别填写车辆整车出厂合格证或《中华人民共和国海关货物进口证明书》中注明的产品型号、发动机号码、车辆识别代号（VIN，车架号码）。

（5）"购置日期"栏，填写机动车销售统一发票（或有效凭证）上注明的日期。

（6）"机动车销售统一发票（或有效凭证）号码"栏，填写机动车销售统一发票（或有效凭证）上注明的号码。

（7）本表（一车一表）一式五份，一份由纳税人留存；一份由主管税务机关留存；一份由地市级国家税务局留存；一份由省、自治区、直辖市和计划单列市国家税务局留存；一份由国家税务总局留存。

附表2　　　　　　　换（补）车辆购置税完税证明申请表

纳税人名称：　　　　　　　　　　　　　填表日期：　　年　月　日

纳税人证件名称			证件号码		
联系电话		邮政编码		地址	
车辆牌照号码			机动车行驶证号码		
车辆类别	1. 汽车；2. 摩托车；3. 电车；4. 挂车；5. 农用运输车		厂牌型号		
完税证明号码					
申请补办理由及有关情况： 　　　　　　　　　　纳税人签字（盖章）： 　　　　　　　　　　　年　　月　　日					
以下由税务机关填写					
接收人：		接收时间： 　　年　月　日		主管税务机关（章）：	
备注：					

《换（补）车辆购置税完税证明申请表》填表说明：

（1）本表由车辆购置税纳税人在申请办理换（补）车辆购置税完税证明时填写。

（2）"纳税人名称"栏，填写车主名称。

（3）"纳税人证件名称"栏，单位车辆填写组织机构代码证书；个人车辆填写居民身份证或其他身份证件名称。

（4）"证件号码"栏，填写组织机构代码证书、居民身份证及其他身份证件的号码。

（5）"车辆类别"栏，在表中所列项目中画"√"。

（6）"厂牌型号"栏，填写车辆整车出厂合格证或《中华人民共和国海关货物进口证明书》或《中华人民共和国海关监管车辆进（出）境领（销）牌照通知书》或《没收走私汽车、摩托车证明书》中注明的产品型号。

（7）"备注"栏填写补发完税证明号码。

（8）本表一式两份，一份由纳税人留存，一份由主管税务机关留存。

附表3　　　　　　　　　　车辆购置税退税申请表

纳税人名称：　　　　　　　填表日期：　　年　月　日　　　　　　金额单位：元

纳税人证件名称			证件号码		
联系电话		邮政编码		地址	
车辆基本情况					
生产企业名称			发动机号码		
厂牌型号			车辆识别代号（车架号码）		
购置日期			车辆牌照号码		
已缴纳车辆购置税税款			完税凭证号码		
申请退税额			完税证明号码		
退税原因					
纳税人签章	如委托代理人的，代理人应填写以下各栏				
	代理人名称			代理人（章）	
	地　址				
	经办人				
	电　话				
以下由税务机关填写					
接收人：		接收时间：　年　月　日		主管税务机关（章）：	

《车辆购置税退税申请表》填表说明：

（1）本表由车辆购置税纳税人（或代理人）在申请退税时填写。

（2）"纳税人名称"栏，填写车主名称。

（3）"纳税人证件名称"栏，单位车辆填写组织机构代码证书；个人车辆填写居民身份证或其他身份证明名称。

（4）"证件号码"栏，填写组织机构代码证书、居民身份证及其他身份证件的号码。

（5）"购置日期"栏，填写机动车销售统一发票（或有效凭证）上注明的日期。

（6）"厂牌型号"、"发动机号码"、"车辆识别代号（车架号码）"栏，分别填写车辆整车出厂合格证或《中华人民共和国海关货物进口证明书》或《中华人民共和国海关监管车辆进（出）境领（销）牌照通知书》或《没收走私汽车、摩托车证明书》中注明的产品型号、发动机号码、车辆识别代号（VIN，车架号码）。

（7）"完税凭证号码"栏，填写主管税务机关开具的车辆购置税缴税凭证号码。

（8）"已缴纳车辆购置税税款"栏，填写主管税务机关开具的车辆购置税缴税凭证上注明的应纳税款。

（9）"退税原因"栏，按下列项目选择字母填写：

①因质量原因，车辆被退回生产企业或者经销商的。

②公安机关车辆管理机构不予办理车辆登记注册的。

③因其他原因多缴税款的。

（10）本表（一车一表）一式两份，一份由纳税人留存，一份由主管税务机关留存。

附表4　　　　　　　　　　　车辆变动情况登记表

填表日期：　　年　　月　　日

车主名称		邮政编码	
联系电话		地址	
完税证明号码			
车辆原牌号		车辆新牌号	

续表

车辆变动情况			
过户	过户前车主名称		
	过户前车主身份证件及号码		
转籍	转出	车主名称	
		地址	
	转入	车主名称	
		地址	

变更	变更项目		
	发动机	车辆识别代号（车架号码）	其他
	变更前号码	变更前号码	
	变更后号码	变更后号码	
	变更原因：		

接收人：	接收时间： 　年　月　日	主管税务机关（章）：
备注		

《车辆变动情况登记表》填表说明：

（1）本表由车主到主管税务机关申请办理车辆过户、转籍、变更档案手续时填写。

（2）办理过户手续的，过户后的车主填写以下各栏：车主名称、邮政编码、联系电话、地址、完税证明号码、车辆原牌号、车辆新牌号及车辆变动情况过户栏。其中"完税证明号码"填写过户前原车主提供的完税证明号码。

（3）办理转籍手续的，车主本人填写以下各栏：车主名称、邮政编码、联系电话、地址、完税证明号码、车辆原牌号、车辆新牌号及车辆变动情况转籍栏。其中"完税证明号码"填写转籍前主管税务机关核发的完税证明号码；转入、转出车主名称应填写同一名称。

（4）办理既过户又转籍手续的，过户后的车主填写以下各栏：车主名称、邮政编码、联系电话、地址、完税证明号码、车辆原牌号、车辆新牌号及车辆变动情况转籍栏。其中"完税证明号码"填写过户、转籍前主管税务机关核发的完税证明号码；"转出车主名称及地址"填写过户前车主名称及地址；

"转入车主名称及地址"应填写填表车主的名称及地址。

（5）办理变更手续的，车主本人填写以下各栏：车主名称、邮政编码、联系电话、地址、完税证明号码、车辆原牌号、车辆新牌号及车辆变动情况变更栏。

（6）本表"备注"栏填写新核发的完税证明号码。

（7）本表一式两份（一车一表），一份由车主留存，一份由主管税务机关留存。

【总结和体会】

【教师评价】

第八节　烟叶税纳税实训

【实训目的】

（1）练习烟叶税应纳税额的计算。

（2）练习烟叶税涉税会计核算，并编制相关的会计分录。

（3）练习烟叶税的申报缴纳。

【知识链接】

《烟叶税纳税申报表》填表说明：

（1）本表根据《中华人民共和国烟叶税暂行条例》制定。

（2）本表由在中华人民共和国境内收购烟叶的单位在办理烟叶税纳税申报时报送。

（3）纳税人应当自纳税义务发生之日起30日内申报纳税。具体纳税期限由主管税务机关核定。

（4）纳税人识别号填写税务机关为纳税人确定的识别号；纳税人名称栏填写纳税人单位名称全称并加盖公章，不得填写简称；税款所属期是指纳税人申报的烟叶税应纳税额的所属期间，应填写具体的起止年、月、日；填表日期是指纳税人填制本申报表的具体日期。

（5）表内主要栏次填写说明：

①烟叶收购金额＝烟叶收购价款×1.1。

②烟叶购买金额为纳税人购买的查处罚没烟叶的金额。

【实训资料】

一、模拟企业概况

纳税人名称：红星烟草公司（增值税一般纳税人）

主营业务：卷烟生产与销售

法人代表：严敏

营业地址及电话：武汉市青山区苏家湾 123 号　027-87858888

开户银行及账号：中国工商银行青山分行　955861181770012345

税务登记号：4201013000121315

二、实训操作资料

2010 年 10 月，红星烟草公司生产需要，从农民手中收购晒烟叶 8000 千克，收购凭证上注明收购价格为每千克 20 元。另外支付运输费 5000 元。款均以现金支付。

【实训操作】

（1）计算红星烟草公司 2010 年 10 月应缴纳的烟叶税。

（2）做相应的账务处理。

（3）填制《烟叶税纳税申报表》。

实训表 1　　　　　　　　烟叶税纳税申报表

纳税人识别号：□□□□□□□□□□□□□□□□□□

纳税人名称（公章）：

税款所属期：　年　月　日至　年　月　日

填表日期：　年　月　日　　　　　　　　　　金额单位：元（列至角分）

烟叶收购金额	税率	应纳税额	已纳税额	应入库税额
1	2	3 = 1×2	4	5 = 3-4
烟叶购买金额	税率	应纳税额	已纳税额	应入库税额
合　计				

续表

纳税人或代理人声明： 此纳税申报表是根据国家税收法律的规定填报的，我确定它是真实的、可靠的、完整的。	如纳税人填报，由纳税人填写以下各栏	
	办税人员（签章）：	财务负责人（签章）：
	法定代表人（签章）：	联系电话：
	如委托代理人填报，由代理人填写以下各栏	
	代理人名称：	经办人（签章）：
	代理人（公章）：	联系电话：

受理人（签章）：   受理日期： 年   月   日   受理税务机关（章）：

本表一式三份，一份纳税人留存，一份主管税务机关留存，一份征收部门留存，作为税收会计凭证。

实训表 2   **烟叶收购情况表**

纳税人识别号：☐☐☐☐☐☐☐☐☐☐☐☐☐☐☐☐☐☐

纳税人名称（公章）：

税款所属期： 年   月   日至   年   月   日

填表日期： 年   月   日   金额单位：公斤、元

项　　目	等级	单价	收购数量	收购价款
收购烟叶		1	2	3＝1×2
购买烟叶				
合　　计				
备注				

《烟叶收购情况表》填表说明：

（1）本表作为《烟叶税纳税申报表》的补充资料，其反映的有关数据应与《烟叶税纳税申报表》有关数据口径一致。

（2）本表由在中华人民共和国境内收购烟叶的纳税人在办理纳税申报时

报送。

（3）纳税人识别号填写税务机关为纳税人确定的识别号；纳税人名称栏填写纳税人单位名称全称并加盖公章，不得填写简称；税款所属期是指纳税人申报的烟叶税应纳税额的所属期间，应填写具体的起止年、月、日；填表日期是指纳税人填制本表的具体日期。

（4）本表第二列"等级"：按当地烟叶收购实际情况确定的等级填写。

（5）本表第四列"收购数量"：按实际收购的烟叶或者购买的罚没烟叶的数量填写。

（6）本表第五列"收购价款"：按实际收购的烟叶或者购买的罚没烟叶的金额填写。

【总结和体会】

【教师评价】

第九章　税务征收管理实训

一、税务登记

（一）开业登记

【实训目的】

通过实训，使学生了解开业登记的各个环节，验证税收及税收管理法律制度，使其提前了解会计工作的范围，达到人才培养目标的专业能力，提高其对会计工作的胜任能力。

【知识链接】

《税务登记表》填写的注意事项：

（1）本表适用于各类单位纳税人填用。

（2）从事生产、经营的纳税人应当自领取营业执照，或者自有关部门批准设立之日起30日内，或者自纳税义务发生之日起30日内，到税务机关领取《税务登记表》，填写完整后提交税务机关，办理税务登记。

（3）办理税务登记应当出示、提供以下证件资料（所提供资料原件用于税务机关审核，复印件留存税务机关）：

①营业执照副本或其他核准执业证件原件及其复印件。

②《组织机构代码证书》副本原件及其复印件。

③注册地址及生产、经营地址证明（产权证、租赁协议）原件及其复印件；如为自有房产，请提供产权证或买卖契约等合法的产权证明原件及其复印件；如为租赁的场所，请提供租赁协议原件及其复印件，出租人为自然人的还须提供产权证明的复印件；如生产、经营地址与注册地址不一致，请分别提供相应证明。

④公司章程复印件。

⑤有权机关出具的验资报告或评估报告原件及其复印件。

⑥法定代表人（负责人）居民身份证、护照或其他证明身份的合法证件

原件及其复印件；复印件分别粘贴在《税务登记表》的相应位置上。

⑦纳税人跨县（市）设立的分支机构办理税务登记时，还须提供总机构的税务登记证（国、地税）副本复印件。

⑧改组改制企业还须提供有关改组改制的批文原件及其复印件。

⑨税务机关要求提供的其他证件资料。

（4）纳税人应向税务机关申报办理税务登记。完整、真实、准确、按时地填写此表。

（5）使用碳素或蓝黑墨水的钢笔填写本表。

（6）本表一式两份（国地税联办税务登记的本表一式三份），税务机关留存一份，退回纳税人一份（纳税人应妥善保管，验换证时需携带查验）。

（7）纳税人在新办或者换发税务登记证时应报送房产、土地和车船有关证件，包括房屋产权证、土地使用证、机动车行驶证等证件的复印件。

（8）表中有关栏目的填写说明：

①"纳税人名称"栏：指企业法人营业执照或营业执照或有关核准执业证书上的名称。

②"身份证件名称"栏：一般填写居民身份证，如无身份证，则填写军官证、士兵证、护照等有效身份证件。

③"注册地址"栏：指工商营业执照或其他有关核准开业证照上的地址。

④"生产经营地址"栏：填办理税务登记的机构生产经营地地址。

⑤"国籍或地址"栏：外国投资者填国籍，中国投资者填地址。

⑥"登记注册类型"栏：即经济类型，按营业执照的内容填写；不需要领取营业执照的，选择"非企业单位"或者"港、澳、台商企业常驻代表机构及其他""外国企业"；如为分支机构，按总机构的经济类型填写。

分类标准：

110 国有企业	120 集体企业
130 股份合作企业	141 国有联营企业
142 集体联营企业	143 国有与集体联营企业
149 其他联营企业	151 国有独资公司
159 其他有限责任公司	160 股份有限公司
171 私营独资企业	172 私营合伙企业
173 私营有限责任公司	174 私营股份有限公司
190 其他企业	210 合资经营企业（港或澳、台资）
220 合作经营企业（港或澳、台资）	230 港、澳、台商独资经营企业

240 港、澳、台商独资股份有限公司　　310 中外合资经营企业

320 中外合作经营企业　　330 外资企业

340 外商投资股份有限公司

400 港、澳、台商企业常驻代表机构及其他

500 外国企业　　600 非企业单位

⑦ "投资方经济性质"栏：单位投资的，按其登记注册类型填写；个人投资的，填写自然人。

⑧ "证件种类"栏：单位投资的，填写其组织机构代码证；个人投资的，填写其身份证件名称。

⑨ "国标行业"栏：按纳税人从事生产经营行业的主次顺序填写，其中第一个行业填写纳税人的主行业。

国民经济行业分类标准（GB/T4754-2002）与代码。

A—农、林、牧、渔业

01—农业　　02—林业　　03—畜牧业　　04—渔业

05—农、林、牧、渔服务业

B—采矿业

06—煤炭开采和洗选业　　07—石油和天然气开采业

08—黑色金属矿采选业　　09—有色金属矿采选业

10—非金属矿采选业　　11—其他采矿业

C—制造业

13—农副食品加工业　　14—食品制造业

15—饮料制造业　　16—烟草制品业

17—纺织业　　18—纺织服装、鞋、帽制造业

19—皮革、毛皮、羽毛（绒）及其制品业

20—木材加工及木、竹、藤、棕、草制品业

21—家具制造业　　22—造纸及纸制品业

23—印刷业和记录媒介的复制　　24—文教体育用品制造业

25—石油加工、炼焦及核燃料加工业　　26—化学原料及化学制品制造业

27—医药制造业　　28—化学纤维制造业

29—橡胶制品业　　30—塑料制品业

31—非金属矿物制品业　　32—黑色金属冶炼及压延加工业

33—有色金属冶炼及压延加工业　　34—金属制品业

35—普通机械制造业　　36—专用设备制造业

37—交通运输设备制造业　　　　　39—电气机械及器材制造业

40—通信设备、计算机及其他电子设备制造业

41—仪器仪表及文化、办公用机械制造业　　42—工艺品及其他制造业

43—废弃资源和废旧材料回收加工业

D —电力、燃气及水的生产和供应业

44—电力、燃气及水的生产和供应业　　45—燃气生产和供应业

46—水的生产和供应业

E —建筑业

47—房屋和土木工程建筑业　　　　48—建筑安装业

49—建筑装饰业　　　　　　　　　50—其他建筑业

F —交通运输、仓储和邮政业

51—铁路运输业　　　　　　　　　52—道路运输业

53—城市公共交通业　　　　　　　54—水上运输业

55—航空运输业　　　　　　　　　56—管道运输业

57—装卸搬运及其他运输服务业　　58—仓储业

59—邮政业

G —信息传输、计算机服务和软件业

60—电信和其他信息传输服务业　　61—计算机服务业

62—软件业

H —批发和零售业

63—批发业　　　　　　　　　　　65—零售业

I —住宿和餐饮业

66—住宿业　　　　　　　　　　　67—餐饮业

J —金融业

68—银行业　　　　　　　　　　　69—证券业

70—保险业　　　　　　　　　　　71—其他金融活动

K —房地产业

72—房地产业

L —租赁和商务服务业

73—租赁业　　　　　　　　　　　74—商务服务业

M —科学研究、技术服务和地质勘查业

75—研究与试验发展　　　　　　　76—专业技术服务业

77—科技交流和推广服务　　　　　78—地质勘查业

N —水利、环境和公共设施管理业

79—水利管理业　　　　　　　　80—环境管理业

81—公共设施管理业

O —居民服务和其他服务业

82—居民服务业　　　　　　　　83—其他服务业

P —教育

84—教育

Q —卫生、社会保障和社会福利业

85—卫生　　　　　　　　　　　86—社会保障业

87—社会福利业

R —文化、体育和娱乐业

88—新闻出版业　　　　　　　　89—广播、电视、电影和音像业

90—文化艺术业　　　　　　　　91—体育

92—娱乐业

S —公共管理与社会组织

93—中国共产党机关　　　　　　94—国家机构

95—人民政协和民主党派

96—群众社团、社会团体和宗教组织　　97—基层群众自治组织

T —国际组织

98—国际组织

【实训资料】

根据纳税人的基本信息，为远大工业股份有限公司进行税务登记［日期按"yyyy-mm-dd"（年—月—日）的格式输入，投资比例请填写小数，非必填项目可不填］。

远大工业股份有限公司于1999年5月23日取得西城区工商所批准颁发的营业执照，正式开始经营，执行企业会计制度，会计年度为公历1月1日至12月31日。

企业基本情况表

企业名称	远大工业股份有限公司		
通信地址	北京市西城区龙头井街32号	邮编	100009
营业执照号码	1101021860327	税务登记证号码	110102795267625

续表

主管税务机关	北京市西城区地方税务局		
开户银行	中国工商银行北京分行	账号	0200001009082773929
成立时间	1999 年 5 月 23 日	注册资金	2000 万元
法定代表人	李广元	相关行业工作年数	7 年
联系人	曹芯梅	联系电话	84019065
经营范围 （按营业执照上登记填写）	汽车轴承，兼营汽车配件		
所属行业	□农、林、牧、渔业　□采矿业　☑制造业　□建筑业 □电子、燃气及水的生产和供应业　□信息传输、计算机服务和软件业 □交通运输、仓储和邮政业　□批发和零售业 □文件、体育和娱乐业　□其他		

【实训操作】

实训表 1

税务登记表

（适用单位纳税人）

填表日期：　　年　　月　　日

纳税人名称		纳税人识别号	
登记注册类型		组织机构代码	
工商机关名称		工商发照日期	
批准设立机关		批准设立证明或文件号	
开业（设立）日期		证照名称	
证照号码		生产经营期限	
注册地址		邮政编码	联系电话
生产经营地址		邮政编码	联系电话
核算方式	请选择对应项目打"√" □独立核算　□非独立核算	从业人数	其中外籍人数
单位性质	请选择对应项目打"√" □企业□事业单位□社会团体□民办非企业单位□其他		
网站网址		国标行业	□□　□□　□□　□□
适用会计制度	请选择对应项目打"√" □企业会计制度　　□小企业会计制度　　□金融企业会计制度 □行政事业单位会计制度		

续表

经营范围： 主营： 兼营：	请将法定代表人（负责人）身份证件复印件粘贴在此处

联系人　　项目 　　　内容	姓名	身份证件		固定电话	移动电话	国籍	电子邮箱
		种类	号码				
法定代表（负责人）							
财务负责人							
办税人							

税务代理人名称	纳税人识别号	联系电话	电子邮箱

注册资本或投资总额	币种	金额	币种	金额	币种	金额

投资方名称	投资方 经济性质	投资方式	投资比例	证件种类	证件号码	国籍或地址

自然人投资 比例		外资投资比例		国有投资比例	

分支机构	分支机构名称	生产经营地址	纳税人识别号	负责人	电话

总机构	总机构名称		纳税人识别号		
	注册地址		经营范围		
	法定代表人姓名	联系电话	邮政编码	主管税务机关	

续表

代扣代缴代收代缴税款业务情况	代扣代缴、代收代缴税款业务内容		代扣代缴、代收代缴税种

原企业所得税征收机关		新办登记原因：□重组、分立、改制、合并　□地址变更	

附列资料：

经办人签章： 　年　　月　　日	法定代表人（负责人）签章： 　年　　月　　日	纳税人公章： 　年　　月　　日

以下由税务机关填写

纳税人所处街乡（镇）		隶属关系	
国税主管税务局	国税主管税务所（科）	是否属于国税、地税共管户	
地税主管税务局	地税主管税务所（科）		

核发《税务登记证副本》数量：　　本	受理日期：　年　月　日
核准日期：　年　月　日	发证日期：　年　月　日
经办人（签章）：	税务登记机关登记专用章：

注：纳税人状态：登记注册类型为（港、澳、台商）合资经营企业、（港、澳、台商）合作经营企业、（港、澳、台商）独资经营公司、（港、澳、台商）投资股份有限公司、中外合资经营企业、中外合作经营企业、外资企业、外商投资股份有限公司的纳税人办理设立税务登记时，工商营业执照经营范围中明确为筹建期的，纳税人状态为"筹建期"，其他均为"开业"。

【相关提示】

（1）从事生产、经营的纳税人应当自领取营业执照之日起 30 日内，持有关证件向税务机关申报办理税务登记。税务机关应当自收到申报之日起 30 日内审核并发给税务登记证件。

纳税人提交材料齐全并且《税务登记表》填写内容符合规定的，税务机关应及时发放《税务登记证》。提交材料不齐全或者填写不合要求的，税务机关应当场通知其补正或者重新填报。提交材料明显有疑点的，税务机关应进行实地调查，核实后予以发放《税务登记证》。

《税务登记证》的主要内容包括纳税人名称、代码、法定代表人等。

从事生产经营的纳税人按国家有关规定，持《税务登记证》在银行或者其他金融机构开立基本存款账户和其他存款账户，并将其全部账号向税务机关报告。

（2）税务登记应向税务机关如实提供以下证件和资料：

①工商营业执照或其他核准执业证件。

②有关合同、章程、协议书。

③《组织机构代码证书》。

④法定代表人、负责人或业主的居民身份证、护照或者其他合法证件。

⑤主管税务机关要求提供的其他有关证件、资料。

【总结和体会】

【教师评价】

（二）变更登记

【实训目的】

通过实训，使学生了解变更登记的各个环节，验证税收及税收管理法律制度，使其提前了解会计工作的范围，达到人才培养目标以及提高其对会计工作的胜任能力。

【知识链接】

（1）《变更税务登记表》适用于各类纳税人变更税务登记填用。

（2）报送此表时还应附送如下资料：

1）税务登记变更内容与工商行政管理部门登记变更内容一致的应提交：

①工商营业执照和《工商变更登记表》及其复印件。

②纳税人变更登记内容决议及有关证明文件。

③主管税务机关发放的原税务登记证件［《税务登记证》（正本、副本）和《税务登记表》等］。

④主管税务机关需要的其他资料。

2）变更税务登记内容与工商行政管理部门登记内容无关的应提交：

①纳税人变更登记内容的决议及有关证明、资料。

②主管税务机关需要的其他资料。

（3）变更项目：填需要变更的税务登记项目。

（4）变更前内容：填变更税务登记前的登记内容。

（5）变更后内容：填变更的登记内容。

（6）批准机关名称及文件：凡需要经过批准才能变更的项目须填写此项。

（7）本表一式两份，税务机关一份，纳税人一份。

【实训资料一】

2010 年 1 月 10 日，厦门东方纺织有限公司（税号 350203409376005）董事会作出增资决议，注册资本由人民币 1000 万元增加到人民币 2000 万元，增资后，厦门东方投资有限公司占 70%、香港明丽服装有限公司占 30%。该决议已获得厦门市外管局"厦增字 2007005 号"文批准，并于 2010 年 2 月 8 日取得变更后的营业执照。

请根据上述资料，填写《变更税务登记表》。

【实训操作】

实训表 1　　　　　　　　　　变更税务登记表

纳税人名称		纳税人识别号		
变更登记事项				
序号	变更事项	变更前内容	变更后内容	批准机关名称及文件

续表

送缴证件情况：		
经办人： 　　年　　月　　日	法定代表人： 　　年　　月　　日	纳税人（签章）： 　　年　　月　　日
经办税务机关审核意见：		
经办人： 　　年　　月　　日	负责人： 　　年　　月　　日	税务机关（签章）： 　　年　　月　　日

【相关提示】

从事生产、经营的纳税人税务登记内容发生变化的，应当向原税务登记机关申报办理变更税务登记。纳税人已在工商行政管理机关办理变更登记的，应当自工商行政管理机关变更登记之日起 30 日内，向原税务登记机关申报办理变更税务登记。纳税人按照规定不需要在工商行政管理机关办理变更登记或者其变更登记的内容与工商登记内容无关的，应当自税务登记内容实际发生变化之日起 30 日内，或者自有关机关批准或者宣布变更之日起 30 日内，持有关证件到原税务登记机关申报办理变更税务登记。

税务机关应当自受理之日起 30 日内，审核办理变更税务登记。纳税人《税务登记表》和《税务登记证》中的内容都发生变更的，税务机关按变更后的内容重新核发税务登记证件。纳税人《税务登记表》的内容发生变更而《税务登记证》中的内容未发生变更的，税务机关不重新核发税务登记证件。

【实训资料二】

某市大北区某私营企业，2010 年 5 月将经营地点从原来的街道搬至离原来不远的另一街道，仍属原主管税务机关管辖，也就没有按规定时间到主管税务机关办理变更税务登记。主管税务机关责令其5天之内办理变更税务登记，该企业仍没理会。税务机关向其下达《处罚通知书》，对其处以2000元罚款。该企业不服，并要上告税务机关，理由是自己虽然迁址，却仍属原主管税务机关管辖，没有必要办理变更税务登记。

【实训操作】

（1）该企业是否需要办理变更税务登记？

（2）税务机关的处罚是否正确？

【相关提示】

（1）根据《税收征收管理法实施细则》的规定：纳税人凡有单位名称、法定代表人、住所或经营地点、生产经营范围、经营方式、经济性质、开户银行账号以及其他税务登记内容发生变化时，要自工商行政管理机关办理变更工商登记之日起30日内，到原税务机关申报办理变更税务登记。因此，该企业需要办理变更税务登记。

（2）根据《税收征收管理法》第60条的规定：纳税人未按规定期限申报办理税务登记、变更或注销登记的，由税务机关责令限期改正，可处以2000元以下的罚款；情节严重的处以2000元以上1万元以下的罚款。该案中企业应在规定时间内办理变更税务登记却没有办理；税务机关依法责令其限期改正，处以2000元的罚款。因此，税务机关对其处罚是正确的。

【总结和体会】

【教师评价】

（三）停业、复业登记

【实训目的】

通过实训，使学生了解停业、复业登记的各个环节，验证税收及税收管理法律制度，达到人才培养目标以及提高其对会计工作的胜任能力。

【知识链接】

1. 停业登记。

（1）适用范围：实行定期定额征收方式的个体工商户需要停业的，应当在停业前向税务机关申报办理停业登记，纳税人停业期限不得超过一年。

（2）办理程序：

①纳税人填写《停业登记表》连同相关资料交税务所管理员、所长审批。

②税务所管理员要求纳税人结清税款、滞纳金和罚款后封存其税务登记证件、发票领购簿，对纳税人最后一次领购的发票进行验收，将未使用完的发票剪角作废，填写《个体工商户停业登记封存单》一式两份，一份交纳税人，一份交综合管理岗输机后留存。综合管理岗在机内进行封存，为纳税人办理停业登记。

（3）需向税务机关提供以下资料：

①《税务登记证》（正本、副本）。

②发票领购簿。

③最后一次领购的发票。

（4）管理规定：纳税人停业未按规定向主管税务机关申请停业登记的，应视为未停止生产经营；纳税人在批准的停业期间进行正常经营的，应按规定向主管税务机关办理纳税申报并缴纳税款。未按规定办理的，按照税收征管法的有关规定处理。

2. 复业登记。

（1）适用范围：实行定期定额征收方式的个体工商户停业后应当于恢复生产经营之前，向税务机关申报办理复业登记。

（2）办理程序：

①纳税人填写《复业登记表》交税务所管理员、所长审批。

②综合管理岗为纳税人办理复业登记，解封其税务登记证件、发票领购簿。

③税务所管理员交还纳税人税务登记证件、发票领购簿。

（3）管理规定。纳税人停业期满未按期复业又不申请延长停业的，税务机关应当视为已恢复生产经营，实施正常的税收管理。纳税人停业期满不向税务机关申报办理复业登记而复业的，主管税务机关经查实，责令限期改正，并按照《税收征收管理法》第60条第一款的规定处理。

【实训资料】

王女士是一个个体商店的经营者，2010年7月1日至2010年9月30日，由于店面装修暂停营业，2010年10月1日店面装修完毕并开始正常营业，停业期间未进行任何经营活动。根据以上资料，填写《停业登记表》和《复业单证领取表》。

【实训操作】

实训表1 停业登记表

纳税人名称				
计算机代码			纳税人识别号	
申请停业期限	年 月 日至 年 月 日		申请登记日期	年 月 日
停业原因				
批准机关	名 称			
	批准文号及日期			

法定代表人（负责人）： (签章)

办税人员： 年 月 日

以下由税务机关填写

停业当期 应纳税（费）额	登记人员： 年 月 日
清缴税款情况	登记人员： 年 月 日

封存税务机关 发放证件情况	种类	税务登记证正本	税务登记证副本	发票领购簿	其他有关证件
	收缴数量				

封存未使用 发票情况	发票种类	名称	数量	发票代码	发票起讫号码	缴销	代保管

核准停 业期限	年 月 日至 年 月 日 停业期间发生生产经营业务的，需按实际经营依法纳税。 审核人： 年 月 日

部门意见： 经办人： 年 月 日	审批意见： （公章） 局长： 年 月 日

注：本表一式两份，税务机关和纳税人各执一份。

实训表 2 **复业单证领取表**

纳税人识别号：□□□□□□□□□□□□□□□□□□□

纳税人名称：

领取单证名称	税务登记证正本	税务登记证副本	发票领购簿	其他有关证件
封存发票名称				
数量（本）				

经办人：

主管税务机关（公章）

年 月 日

办税人员：

纳税人（公章）

年 月 日

注：（1）本表为纳税人复业时填写，一式一份。

（2）纳税人复业时，按表领回封存的各类单证和发票。

（3）复业时，纳税人签章后，交税务机关留存。

【相关提示】

从事生产经营的纳税人，经确定实行定期定额征收方式的，其在营业执照核准的经营期限内需要停业的，应当在停业前向税务机关申报办理停业登记。纳税人的停业期限不得超过一年。纳税人在申报办理停业登记时，应如实填写《停业登记表》，说明停业理由、停业期限、停业前的纳税情况和发票的领、用、存情况，并结清应纳税款、滞纳金、罚款。税务机关应收存其《税务登记证》（正本、副本）、发票领购簿、未使用完的发票和其他税务证件。

纳税人应当于恢复生产经营之前，向税务机关申报办理复业登记，如实填写《停、复业报告书》，领回并启用税务登记证件、发票领购簿及其停业前领购的发票。纳税人停业期满不能及时恢复生产经营的，应当在停业期满前向税务机关提出延长停业登记申请，并如实填写《停、复业报告书》。纳税人在停业期间发生纳税义务的，应当按照税收法律、行政法规的规定申报缴纳税款。

【总结和体会】

【教师评价】

（四）注销登记

【实训目的】

通过实训，使学生了解注销登记的各个环节，验证税收及税收管理法律制度，使其提前了解会计工作的范围，达到人才培养目标以及提高其对会计工作的胜任能力。

【知识链接】

以单位纳税人注销登记为例。

1. 注销税务登记的范围。

纳税人发生以下情形的，应向主管税务机关提出注销登记申请：

（1）纳税人发生解散、破产、撤销以及依法终止纳税义务情形的，应当在向工商行政管理机关办理注销登记前，向税务机关申报办理注销税务登记。

（2）纳税人被工商行政管理机关吊销营业执照的，应当在被吊销营业执照之日起 15 日内，向税务机关申报办理注销税务登记。

（3）纳税人未在工商行政管理机关注册登记的，应当在有关部门批准或宣告注销之日起 15 日内，向税务机关申报办理注销税务登记。

（4）境外企业在中国境内承包建筑、安装、装配、勘探工程和提供劳务的，应当在项目完工、离开中国前 15 日内，持有关证件和资料，向原税务登记机关申报办理注销税务登记。

2. 注销税务登记的时限。

自受理之日起 10 个工作日内办结（不包括税务机关注销清算检查时间）。

3. 纳税人注销登记时应提供的证件资料。

（1）企业注销的有关决议以及其他有关证明文件及复印件。

（2）被吊销营业执照的应提交工商行政管理部门发放的吊销决定及复印件。

（3）《税务登记证》（正本、副本）及《税务登记册》原件、《增值税一般纳税人资格证书》。

纳税人在向税务机关申请注销前，应进行增值税、所得税纳税申报，并结清应纳税款。

4. 注销税务登记的工作流程。

申请注销税务登记的纳税人按照规定期限持上述证件资料向主管税务机关税务综合业务窗口提出申请并填报《注销税务登记申请审批表》。

综合窗口受理后，纳税人持《注销税务登记申请审批表》办理发票缴销、取消相关资格等手续，并接受税源管理部门进行注销检查。

注销检查后由主管税务机关通知纳税人到税务机关领取《税务事项通知书》（注销税务登记）。

【实训资料一】

2010年10月，厦门东方纺织有限公司（税号350203409376005）的注册地址由厦门工业路30号变更为厦门翔安高新技术开发区，主管税务机关由湖里国税局变更为翔安国税局。根据上述资料，填写《注销税务登记申请审批表》。

【实训操作】

实训表1　　　　　　　　　　注销税务登记申请审批表

纳税人名称		纳税人识别号	
注销原因			
附送资料			
经办人：　年　月　日	法定代表人（负责人）：　年　月　日		纳税人（签章）：　年　月　日
以下由税务机关填写			
受理时间	经办人：　年　月　日		负责人：　年　月　日
清缴税款、滞纳金、罚款情况	经办人：　年　月　日		负责人：　年　月　日
缴销发票情况	经办人：　年　月　日		负责人：　年　月　日
税务检查意见	检查人员：　年　月　日		负责人：　年　月　日

续表

收缴税务证件情况	种类	税务登记证正本	税务登记证副本	临时税务登记证正本	临时税务登记证副本
	收缴数量				
	经办人：　　　　　　　　　　　　　　　　负责人： 　年　月　日　　　　　　　　　　　　　　年　月　日				
批准意见	部门负责人：　　　　　　　　　　　　税务机关（签章）： 　年　月　日　　　　　　　　　　　　　年　月　日				

【相关提示】

从事生产经营的纳税人发生解散、破产、撤销以及其他情形，依法终止纳税义务的，应当在向工商行政管理机关或者其他机关办理注销登记前，持有关证件向原税务登记机关申报办理注销税务登记；按照规定不需要在工商行政管理机关或者其他机关办理注册登记的，应当自有关机关批准或者宣告终止之日起15日内，持有关证件向原税务登记机关申报办理注销税务登记。

从事生产经营的纳税人因住所、经营地点变动，涉及改变税务登记机关的，应当在向工商行政管理机关或者其他机关申请办理变更或者注销登记前或者住所、经营地点变动前，向原税务登记机关申报办理注销税务登记，并在30日内向迁达地税务机关申报办理税务登记。

纳税人在办理注销税务登记前，应当向税务机关结清应纳税款、滞纳金、罚款，缴销发票、税务登记证件和其他税务证件。

【实训资料二】

A私营企业从事服装经营，因经营管理不善，于2010年3月停业，并将厂房转让给他人。4月，税务机关检查时发现事情真相后，找到原A私营企业经理林某，令其5天之内到税务机关办理注销税务登记。林某认为自己反正不营业了，注销登记与否没有多大关系，对税务机关要求没放在心上。5天后，接到税务机关下达的《处罚通知书》，对A不按期办理注销税务登记处以1800元罚款。

【实训操作】

（1）A 企业是否要办理注销税务登记？

（2）税务机关对 A 处以罚款是否合法？

【总结和体会】

【教师评价】

（五）外出经营报验登记

【实训目的】

通过实训，使学生了解外出经营报验登记的各个环节，验证税收及税收管理法律制度，使其提前了解会计工作的范围，达到人才培养目标的专业能力，以及提高其对会计工作的胜任能力。

【知识链接】

（1）纳税人到外县（市）临时从事生产经营活动的，应当在外出生产经营以前，持税务登记证向主管税务机关申请开具《外出经营活动税收管理证明》（以下简称《外管证》）。

（2）税务机关按照一地一证的原则核发《外管证》，《外管证》的有效期限一般为 30 日，最长不得超过 180 日。

（3）纳税人应当在《外管证》注明地进行生产经营前向当地税务机关报验登记，并提交下列证明资料：

①《税务登记证》（副本）。

②《外管证》。

纳税人在《外管证》注明地销售货物的，除提交以上证件资料外，应如实填写《外出经营货物报验单》，申报查验货物。

（4）纳税人外出经营活动结束，应当向经营地税务机关填报《外出经营活动情况申报表》，并结清税款、缴销发票。

（5）纳税人应当在《外管证》有效期限届满后 10 日内，持《外管证》回原税务登记地税务机关办理《外管证》缴销手续。

（6）若纳税人到省内外出经营的，机构所在地主管地税机关将通过"大集中"征管系统传递电子版《外管证》至经营地主管地税机关，不需要向纳税人打印核发纸质版《外管证》。

（7）纳税人在申请开具《外管证》后，在外出经营地进行生产经营前向经营地主管地税机关办理报验登记。

（8）到省内外出经营的，应当持有第一点提及的资料报验登记；外出经营活动结束时，应当在经营地地税机关结清税款、缴销发票，不需回机构地主管地税机关缴销《外管证》。到省外外出经营的，需持有的资料视经营地主管地税机关要求。外出经营活动结束后 10 日内，经外出经营地地税机关签章，纳税人应当持《外管证》回机构地主管地税机关缴销。

外出经营活动税收管理证明开具申请表

□新开　　□续期

纳税人编码			项目编码	
外出经营所在地市			外出经营所在区县（镇）	
外出经营负责人		固定电话		移动电话	
纳税人声明：本表所填内容正确无误，所提交的证件、资料及复印件真实有效，如有虚假愿承担法律责任。 经办人：　　　　　　　　　　　　　　　　纳税人（签章）：				
以下由地税机关填写				
省内外出经营外管证有效日期	自　年　月　日起至　年　月　日			
主管地税机关意见： 经办人：　　　　　　　负责人：　　　　　　　地税机关（签章）： 　年　月　日　　　　　　年　月　日　　　　　　年　月　日				

《外出经营活动税收管理证明开具申请表》填表说明：

（1）纳税人在外出生产经营前，填写本表（项目编码由税务机关填写），并持如下证件和资料向机构所在地主管地税机关申请开具《外管证》：

①《税务登记证》（副本）或加盖纳税人印章的副本首页复印件。

②外出经营项目负责人身份证及复印件。

③外出经营项目的合同、协议等资料及复印件。

④主管地税机关要求提供的其他资料、证件。

（2）纳税人原《外管证》到期但外出经营活动未结束，填写本表（项目编码由纳税人填写），并持如下证件和资料向机构所在地主管地税机关申请开具《外管证》：

①《税务登记证》（副本）或加盖纳税人印章的副本首页复印件。

②原《外管证》（出省经营的纳税人需提供）。

③外出经营项目的合同、协议等资料及复印件。

【实训资料】

某公司经营电器设备的安装、维护及销售。2010年8月20日办理营业执照，经营初期因主要发生增值税应税业务，于是公司在8月底到国税机关办理了税务登记，并对增值税、所得税进行了税种鉴定，随后在地税机关办理了营业税税种登记，9月下旬申请并被认定为辅导期增值税一般纳税人。2010年分别实现增值税和营业税应税收入17万元和42万元。

2011年2月，该公司到外县进行电力工程施工，在向劳务地地税机关申请代开发票时，地税局除征收营业税、城建税外，还要代征企业所得税。该公司提供了由国税部门开具的《外出经营活动税收管理证明》（以下简称《外管证》），希望回原经营地一并纳税，但劳务地地税机关不予认可，要求提供原地税机关开具的《外管证》才算有效，而原地税机关以该公司企业所得税在国税机关登记为由，不予开具。

【实训操作】

企业应如何处理这一税务问题？

【相关提示】

按照《国家税务总局关于调整新增企业所得税征管范围问题的通知》（国税发〔2008〕120号）第2条第4款规定，对既缴纳增值税又缴纳营业税的企业，原则上按其税务登记时自行申报的主营业务应缴纳的流转税税种确定征管归属；企业税务登记时无法确定主营业务的，一般以工商登记注明的第一项业务为准；一经确定，原则上不再调整。该公司经营方式为兼营行为，企业当初自行申报的主营业务是增值税，从其提供的数据看，实际却是以营业税为主，其企业所得税应当随营业税到地税机关办理税种登记，但对于企业当初自行申报时已经认定的征管范围，应由国税机关管理。

《征管法实施细则》第21条规定，从事生产、经营的纳税人到外县（市）临时从事生产、经营活动的，应当持《税务登记证》（副本）和所在地税务机关填开的《外管证》，向营业地税务机关报验登记，接受税务管理。《税务登记管理办法》第32条也明确指出，纳税人到外县（市）临时从事生产经营活动的，应当持《税务登记证》向主管税务机关申请开具《外管证》。主管税务机关是指办理具体涉税事项的税务机关，依照设置权限的规定，具体涉税事项应由哪级办理的，哪级税务机关就是主管税务机关。依据上述规定，该公司应到具体涉及营业税管理的原地税机关开具《外管证》，主管地税机关应当予以办理。

企业离开工商登记注册地或经营管理所在地到本县（区）以外地区施工的，应向其所在地的主管税务机关申请开具《外管证》，其经营所得，由所在地主管税务机关一并计征所得税。否则，其经营所得由企业项目施工地主管税务机关就地征收所得税。根据上述规定，该公司对在临时经营地发生的所得税应税项目，可凭《外管证》回原经营地一并申报纳税。

需要说明的是，纳税人在向其机构所在地地税部门申请开具《外管证》后，要在生产经营前向临时经营地税务机关报验登记。同时在《外管证》有效期届满后 10 日内，持《外管证》回原税务登记地税务机关办理《外管证》缴销手续。

【总结和体会】

【教师评价】

二、账簿凭证管理

【实训目的】

通过实训，使学生了解账簿的更换与保管；熟悉不同会计账簿的账页格式；明确会计账簿的设置；掌握日记账、总账、明细账的登记方法；会根据记账凭证设置和登记日记账、总账、明细账。

【知识链接】

（一）账簿设立

（1）从事生产、经营的纳税人应当在领取营业执照之日起 15 日内按照规定设置总账、明细账、日记账以及其他辅助性账簿，其中总账、日记账必须采用订本式。

生产经营规模小又确无建账能力的个体工商业户，可以聘请注册会计师或者经主管国家税务机关认可的财会人员代为建账和办理账务；聘请注册会计师或者经主管国家税务机关认可的财会人员有实际困难的，经县（市）以上国家税务局批准，可以按照国家税务机关的规定，建立收支凭证粘贴簿、进货销货登记簿等；扣缴义务人应当自税收法律、行政法规规定的扣缴义务发生之日起 10 日内，按照所代扣、代收的税种，分别设置代扣代缴、代收代缴税款账簿。

（2）纳税人、扣缴义务人采用计算机记账的，对于会计制度健全，能够通过电子计算机正确、完整计算其收入、所得的，其计算机储存和输出的会计记录，可视同会计账簿，但应按期打印成书面记录并完整保存；对于会计制度不健全，不能通过计算机正确、完整反映其收入、所得的，应当建立总账和与纳税或者代扣代缴、代收代缴税款有关的其他账簿。

（3）从事生产、经营的纳税人应当自领取税务登记证件之日起 15 日内，将其财务、会计制度或者财务、会计处理办法报送主管国家税务机关备案。纳税人、扣缴义务人采用计算机记账的，应当在使用前将其记账软件、程序和使用说明书及有关资料报送主管国家税务机关备案。

（二）记账核算

（1）纳税人、扣缴义务人必须根据合法、有效凭证进行记账核算。

（2）纳税人、扣缴义务人应当按照报送主管国家税务机关备案的财务、会计制度或财务、会计处理办法，真实、序时逐笔记账核算；纳税人所使用的财务、会计制度和具体的财务、会计处理办法与有关税收方面的规定不一致时，纳税人可以继续使用原有的财务、会计制度和具体的财务、会计处理办法，进行会计核算，但在计算应纳税额时，必须按照税收法规的规定计算纳税。

（三）账簿保管

（1）会计人员在年度结束后，应将各种账簿、凭证和有关资料按顺序装订成册，统一编号、归档保管。

（2）纳税人的账簿（包括收支凭证粘贴簿、进销货登记簿）、会计凭证、报表和完税凭证及其他有关纳税资料，除另有规定者外，保存 10 年，保存期满需要销毁时，应编制销毁清册，经主管国家税务机关批准后方可销毁。

（3）账簿、记账凭证、完税凭证及其他有关资料不得伪造、变造或者擅自损毁。

（四）税收证明管理

（1）实行查账征收方式缴纳税款的纳税人到外地从事生产、经营、提供劳务的，应当向机构所在地主管国家税务机关提出书面申请报告，写明外出经营的理由和外销商品的名称、数量、所需时间，并提供《税务登记证》（副本），由主管国家税务机关审查核准后签发《外出经营活动税收管理证明》。申请人应当按规定提供纳税担保或缴纳相当于应纳税款的纳税保证金。纳税人到外县（市）从事生产、经营活动，必须持《外出经营活动税收管理证明》，向经营地国家税务机关报验登记，接受税务管理，外出经营活动结束后，应当按规定的缴销期限，到主管国家税务机关缴销《外出经营活动税收管理证明》，办理退保手续。

（2）乡、镇、村集体和其他单位及农民个人在本县（市、区）内（含邻县的毗邻乡、镇）集贸市场出售自产自销农、林、牧、水产品需要《自产自销证明》的，应持基层行政单位（村委会）出具的证明，到主管国家税务机关申请办理。

（3）纳税人销售货物向购买方开具发票后，发生退货或销售折让，如果购货方已付购货款或者货款未付但已做财务处理，发票联及抵扣联无法收回的，纳税人应回购货方索取其机构所在地主管国家税务机关开具的进货退出或者索取折让证明，作为开具红字专用发票的合法依据。

（五）违反账簿、凭证管理的法律责任

（1）纳税人有下列行为之一，经主管国家税务机关责令限期改正，逾期不改正的，由国家税务机关处以2000元以下的罚款；情节严重的，处以2000元以上1万元以下的罚款：

①未按规定设置、保管账簿或者保管记账凭证和有关资料的。

②未按规定将财务、会计制度或者财务会计处理办法报送国家税务机关备查的。

（2）扣缴义务人未按照规定设置、保管代扣代缴、代收代缴税款账簿或者保管代扣代缴、代收代缴税款记账凭证及有关资料的，经主管国家税务机关责令限期改正，逾期不改正的，由国家税务机关处以2000元以下的罚款；情节严重的，处以2000元以上5000元以下的罚款。

【实训资料】

某企业2011年2月1日发生了下列经济业务：

（1）填制现金支票（5566号）从银行提取现金9000元，备发工资。根据现金支票存根填制了借"库存现金"，贷"银行存款"的付款凭证（银付字第1号）。

（2）以现金发放职工工资9000元。根据工资结算单填制了借"应付职工薪酬"，贷"库存现金"的付款凭证（现付字第1号）。

（3）以现金方式收回前欠货款1500元。根据收款收据填制了借"库存现金"，贷"应收账款"的收款凭证（现收字第1号）。

（4）以现金800元购买办公用品直接交付行政部门使用。根据购货发票填制了借"管理费用"，贷"库存现金"的付款凭证（现付字第2号）。

其库存现金日记账 2 月 1 日末余额的算式是：1 日末余额 = 500 + 10500 − 9800 = 1200（元）。

问题：根据上述经济业务的收、付款凭证填制库存现金日记账和银行存款日记账。

【实训操作】

实训表 1　　　　　　　　　　库存现金日记账　　　　　　　　第___页

年		凭证号数	摘　要	对方科目	收入							支出							结存						
月	日				万	千	百	十	元	角	分	万	千	百	十	元	角	分	万	千	百	十	元	角	分

实训表 2　　　　　　　　　　银行存款日记账　　　　　　　　第___页

年		凭证号数	摘要	现金支票号数	转账支票号数	对方科目	借方	贷方	余额
月	日								

【相关提示】

（1）库存现金日记账和银行存款日记账必须逐日结出余额，都由出纳登记，且必须使用订本账。

（2）银行存款日记账是由出纳人员根据银行存款收款凭证、银行存款付款凭证和现金付款凭证（特指将现金存入银行业务），按经济业务发生时间的先后顺序，逐日逐笔进行登记，并于每日业务终了时结出本日发生额和余额的会计账簿。银行存款日记账一般采用"三栏式"账页的"订本式"会计账簿。

银行存款日记账的登记方法与库存现金日记账基本相同，所不同的是增加了现金支票号数和转账支票号数栏，以便与开户银行对账。

【总结和体会】

【教师评价】

三、发票管理

【实训目的】

通过发票管理的实训，使学生能够比较系统地掌握发票的使用范围、领购程序、填写、印刷及违反发票管理的法律责任，加深对所学专业理论知识的理解，提高实际动手能力。

【知识链接】

（一）发票的使用范围

（1）纳税人凡取得地方税应税（包括免税）收入所需使用的发票，均应向主管地方税务机关申请领用。

（2）纳税人外出从事生产经营活动的，应当向主管地方税务机关申请开具《外出经营活动税收管理证明》，然后凭《外出经营活动税收管理证明》向经营地税务机关办理报验登记，并可申请领购发票。

（3）纳税人临时从事生产经营活动或临时取得应税（包括免税）收入，需要使用发票的，应当向主管地方税务机关办税服务厅窗口申请办理。

（二）发票的领购程序

（1）已办理税务登记的单位和个人，可以按下列规定向主管税务机关申请领购发票。

①提出购票申请。单位或个人在申请购票时，必须提出购票申请报告，在报告中载明单位和个人的名称、所属行业、经济类型、需要发票的种类、名称、数量等内容，并加盖单位公章和经办人印章。

②提供有关证件。领购发票的单位或者个人必须提供税务登记证件、经办

人身份证明和其他有关证明，提供财务印章或发票专用章的印模。

③持簿购买发票。购票申请报告经税务机关审查批准后，购票者应当领取税务机关核发的《发票领购簿》，根据核定的发票种类、数量以及购票方式，到指定的税务机关购领发票。单位或个人购买专用发票的，还应当场在发票联和抵扣联上加盖发票专用章或财务印章等章戳。有固定生产经营场所、财务和发票管理制度健全、发票使用量较大的单位，可以申请印有本单位名称的普通发票；如普通发票式样不能满足业务需要，也可以自行设计本单位的普通发票样式，报省辖市国家税务局批准，按规定数量、时间到指定印刷厂印制。自行印制的发票应当交主管税务机关保管，并按前款规定办理领购手续。

（2）对外省、自治区、直辖市来本辖区从事临时经营活动需要领购发票的纳税人，凭生产经营所在地主管税务机关签发的《外出经营活动税收管理证明》，比照上述新开业纳税人申领发票的程序和资料，向外出经营地税务机关申领《发票领购簿》，并提供担保人及其担保书或者根据所领购发票的票面限额及数量缴纳不超过1万元的保证金后，方可领购发票。

（3）需要重新启用因停业而被地方税务机关收回的未使用完的发票、发票领购簿、发票专用章、税务登记证件，纳税人应当先提出复业登记申请，经主管地方税务机关审核后发还未使用完的发票、发票领购簿、发票专用章、税务登记证等。

（4）对于采用验旧购新、交旧购新方式领购发票的纳税人，应持发票领购簿和经办人员身份证明向主管地税机关申请领购新发票，填写购票申请并将使用完（或使用期已满）的发票存根交主管地方税务机关查验。主管地方税务机关在查验已用发票无误后即时发放。

购票申请应载明单位和个人的名称，所属行业、经济类型，需要发票的种类、名称、数量等内容，并加盖单位公章和经办人印章。

（5）依法不需要办理税务登记的纳税人以及其他未领取《税务登记证》的纳税人不得领购发票，需用发票时，可向经营地主管税务机关申请填开。申请填开时，应提供足以证明发生购销业务或者提供劳务服务以及其他经营业务活动方面的证明，对税法规定应当缴纳税款的，应当先缴税后开票。

（三）发票的填写

（1）发票只限于用票单位和个人自己填开使用，不得转借、转让、代开发票；未经税务机关批准不准拆本使用发票。

（2）单位和个人只能按照税务机关批准印制或购买的发票使用，不得用"白条"和其他票据代替发票使用，也不得自行扩大专业发票的使用范围。

（3）发票只准在领购发票所在地填开，不准携带到外县（市）使用。到外县（市）从事经营活动，需要填开普通发票，按规定可到经营地税务机关申请购买发票或者申请填开。

（4）凡销售商品、提供服务以及从事其他经营业务活动的单位和个人，对外发生经营业务收取款项，收款方应如实向付款方填开发票；但对收购单位和扣缴义务人支付个人款项时，可按规定由付款单位向收款个人填开发票；对向消费者个人零售小额商品或提供零星劳务服务，可以免予逐笔填开发票，但应逐日记账。

（5）使用发票的单位和个人必须在实现经营收入或者发生纳税义务时填开发票，未发生经营业务一律不准填开发票。

（6）单位和个人填开发票时，必须按照规定的时限、号码顺序填开，填写时必须项目齐全、内容真实、字迹清楚，全份一次复写，各联内容完全一致，并加盖单位财务印章或者发票专用章。填开发票应使用中文，也可以使用中外两种文字。对于填开发票后，发生销货退回或者折价的，在收回原发票或取得对方税务机关的有效证明后，方可填开红字发票，用票单位和个人填错发票，应书写或加盖"作废"字样，完整保存各联备查。用票单位和个人丢失发票应及时报告主管税务机关，并在报刊、电视等新闻媒介上公开声明作废，同时接受税务机关的处理。

（四）发票的印刷

具名发票是指直接在发票上印制有使用单位名称的发票。纳税人需要印制具名发票必须同时具备以下条件：

（1）有固定的生产经营场所。

（2）财务和发票管理制度健全。

（3）发票使用量较大，且统一发票式样不能满足其业务需要。

同时具备上述条件的纳税人，需要印制具名发票的，应先根据本单位的业务需要设计票样（即具名发票式样），填写《企业具名发票印制申请审批表》，随同票样一并报县（市）以上地方税务机关发票管理职能部门审批。地方税务机关发票管理职能部门受理后，经审批同意印制的，填制《发票印制通知书》，交发票定点印刷企业印制；不同意印制的，应制作《不予税务行政许可决定书》及时告知纳税人。

（五）违反发票管理的法律责任

违反发票管理的行为有如下情形：

1. 未按规定印制发票。

（1）未经省税务局批准，私自印制发票。

（2）伪造、私刻发票监制章，伪造、变造发票防伪专用品。

（3）印制发票的企业未按《发票印制通知书》印制发票，转借、转让发票监制章和发票防伪专用品。

（4）印制发票的企业未按规定保管发票成品、发票防伪专用品、发票监制章，以及未按规定销毁废品而造成流失。

（5）用票单位私自印制发票。

（6）未按税务机关的规定制定印制发票管理制度。

（7）其他未按规定印制发票的行为。

2. 未按规定购领发票。

（1）向税务机关或税务机关委托单位以外的单位和个人取得发票。

（2）私售、倒买倒卖发票。

（3）贩卖、窝藏假发票。

（4）借用他人发票。

（5）盗取（用）发票。

（6）私自向未经税务机关批准的单位和个人提供发票。

（7）其他未按规定取得发票的行为。

3. 未按规定填开发票。

（1）单联填开或上下联金额、内容不一致。

（2）填写项目不齐全。

（3）涂改、伪造、变造发票。

（4）转借、转让、代开发票。

（5）未经批准拆本使用发票。

（6）虚构经济业务活动，虚填发票。

（7）填开票物不符发票。

（8）填开作废发票。

（9）未经批准，跨县（市）填开发票。

（10）以其他票据或白条代替发票填开。

（11）扩大专用发票填开范围。

（12）未按规定填报《发票购领用存申报表》。

（13）未按规定设置发票购领用存登记簿。

（14）其他未按规定填开发票的行为。

4. 未按规定取得发票。

（1）应取得而未取得发票。

（2）取得不符合规定的发票。

（3）专用发票只取得记账联或只取得抵扣联的。

（4）取得发票时，要求开票方或自行变更品名、金额或增值税税款。

（5）擅自填开发票入账。

（6）其他未按规定取得发票的行为。

5. 未按规定保管发票。

（1）丢失发票。

（2）损（撕）毁发票。

（3）丢失或擅自销毁发票存根联。

（4）未按规定缴销发票。

（5）印制发票的企业丢失发票或发票监制章及发票防伪专用品等。

（6）未按规定建立发票管理制度。

（7）未按税务机关规定设专人保管专用发票。

（8）未按税务机关规定设置专门存放专用发票的场所。

（9）未经税务机关查验擅自销毁专用发票的基本联次。

（10）其他未按规定保管发票的行为。

6. 未接受税务机关检查。

（1）拒绝检查、隐瞒真实情况。

（2）刁难、阻挠税务人员进行检查。

（3）拒绝接受《发票换票证》。

（4）其他未按规定接受税务机关检查的行为。

有上述所列行为之一的单位和个人，由税务机关责令限期改正，没收非法所得，并处 1 万元以下的罚款。有所列两种或者两种以上行为的，可以分别处罚。

非法携带、邮寄、运输或者存放空白发票的，由税务机关收缴发票，没收非法所得，并处 1 万元以下的罚款。

私自印制、伪造变造、倒买倒卖发票，私自制作发票监制章、发票防伪专用品的，由税务机关依法查封、扣押或者销毁，没收非法所得和作案工具，并处 1 万元以上 5 万元以下的罚款，构成犯罪的，由司法机关依法追究刑事责任。

违反发票管理法规，导致纳税人、扣缴义务人以及其他单位或个人未缴、少缴或者骗取税款的，由国家税务机关没收非法所得，并处未缴、少缴或者骗取税款 1 倍以下的罚款外，还对纳税人、扣缴义务人以及其他单位或者个人进行依法查处。

2011 年 1 月 1 日起，全国统一使用新版普通发票，各地旧版普通发票停止使用。新版普通发票式样如下：

式样1

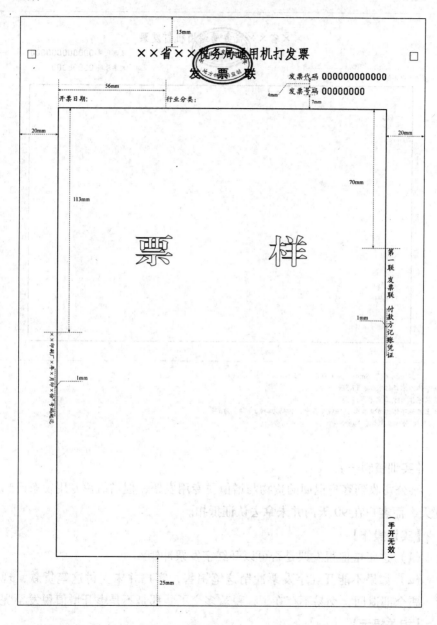

票面尺寸210mm×297mm（其中内框尺寸170mm×226mm）

票头字体为方正仿宋体，19磅

发票联字体为方正黑体，18磅

票面上其他字体为方正楷体，11磅（其中：脚码为8磅，"#"为5磅）

"手开无效"为方正黑体，11磅

式样 2

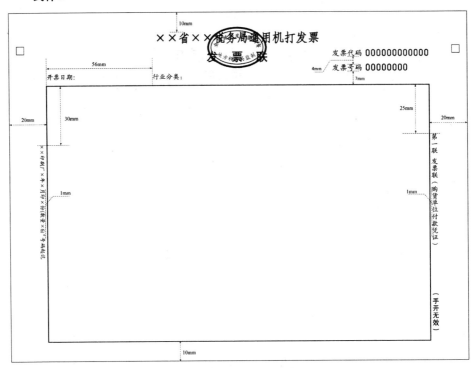

××省××税务局通用机打发票
发票联

发票代码 000000000000
发票号码 00000000

开票日期：　　　　　行业分类：

第一联 发票联（购货单位付款凭证）

（手开无效）

票面尺寸241mm×177.8mm（其中内框尺寸201mm×130.5mm）
票头字体为方正仿宋体，17.5磅
发票联字体为方正黑体，17.5磅
票面上其他字体为方正楷体，10磅（其中：脚码为8磅，"#"为5磅）
"手开无效"为方正黑体，10磅

【实训资料一】

某公司收到客户退回的货物与增值税专用发票，但增值税专用发票已超过90天，而客户在90天内并未拿去认证抵扣。

【实训操作】

（1）这张增值税发票是否可以开红字发票冲销？

（2）如果不能开红字发票冲销这笔销售，客户并未支付这笔货款，现在货、票全部退回，交易不存在了，税款多交了，那是不是虚开增值税发票呢？

【相关提示】

根据《国家税务总局关于修订〈增值税专用发票使用规定〉的通知》（国税发〔2006〕156号）和《国家税务总局关于修订〈增值税专用发票使用规定〉的补充通知》（国税发〔2007〕018号）文件的规定，超过90天认证期限未认证的增值税专用发票无法取得《开具红字增值税专用发票通知单》也就无法开具红字增值税专用发票。

根据《最高人民法院关于适用〈全国人民代表大会常务委员会关于惩治虚开、伪造和非法出售增值税专用发票犯罪的决定〉的若干问题的解释》的规定："根据《决定》第一条规定，虚开增值税专用发票的，构成虚开增值税专用发票罪。具有下列行为之一的，属于'虚开增值税专用发票'：①没有货物购销或者没有提供或接受应税劳务而为他人、为自己、让他人为自己、介绍他人开具增值税专用发票。②有货物购销或者提供或接受了应税劳务但为他人、为自己、让他人为自己、介绍他人开具数量或者金额不实的增值税专用发票。③进行了实际经营活动，但让他人为自己代开增值税专用发票。"

根据《中华人民共和国税收征收管理法》规定："第五十一条　纳税人超过应纳税额缴纳的税款，税务机关发现后应当立即退还；纳税人自结算缴纳税款之日起三年内发现的，可以向税务机关要求退还多缴的税款并加算银行同期存款利息，税务机关及时查实后应当立即退还；涉及从国库中退库的，依照法律、行政法规有关国库管理的规定退还。"

根据上述规定，超过认证期限而未认证的增值税专用发票无法取得《开具红字增值税专用发票通知单》也就无法开具红字增值税专用发票。贵公司的情况不属于虚开增值税专用发票的行为，纳税人超过应纳税额缴纳的税款，经税务机关审核后可以退还或留抵下期税款。

【实训资料二】

餐饮企业用实物冲抵发票

2011年3月19日，胡佳与亲友在北京晋老西食府菜市口分店用餐，消费180余元。结账时，该餐馆服务员说："如果不开发票，可以赠送一瓶老陈醋。"胡佳因得到一瓶老陈醋的馈赠而没有坚持向该餐馆索要发票。胡佳认为，"该餐馆无视国家税务部门指定的发票使用方法，把我无条件拥有的权利和义务转化为有条件拥有的权利和义务"。她请求法院认定被告不开发票送赠品的条款无效；请求法院判定被告开具发票，停止对原告的损害，为原告恢复名誉，赔礼道歉，并给付100元精神损害赔偿；由被告承担一切诉讼费用。原告向法庭提供了被告开具的餐费收据，上面写有"不开票"字迹。

北京晋老西食府菜市口分店代理人称，原告到该餐馆就餐时，该餐馆确实赠送了一瓶老陈醋，但不是不开发票的交换条件，而是消费满100元的赠送行为。当时，由于该餐馆计算机出现故障，才给原告出具了一张餐费收据。但原告提供的餐费收据上，"不开票"三个字是后加的，不是该餐馆工作人员所写。

【实训操作】

餐饮企业用赠送实物代替开发票的做法是否合法？为什么？

【相关提示】

餐饮企业主要采取以下手段逃税：一是假称计算机出现故障，或者谎称开发票的工作人员暂时不在，消费者若坚持要发票，就给开一张餐费收据；二是采用给消费者打折或抹零的手段，让消费者主动放弃开发票；三是采取赠送饮料、水果等实物的方式冲抵发票，让消费者在实物和发票两者之间选择。此外，还有些餐饮企业赠送一定数额的代金券，作为消费者放弃发票的交换条件。

目前餐饮行业中存在两种不同的税收方式：一种是定税制，多用于规模较小的餐厅，就是地税部门在规定的期限内向餐饮企业征收固定的税额；一种是计票收税的方式。由于很多餐馆经营规模比较小，税务部门对这类餐馆实行的是定期定额缴税管理方式。税务部门通常评估餐馆的规模、业绩，参考各种要素，然后核定税额。如果生意兴隆，消费者就餐都索要发票，那么月定额就会超标，如果连续出现月定额超标，税务部门将会提高每月的定税额度。

虽然现在大多数消费者已具有就餐后索要发票的意识，但不少消费者往往禁不住餐饮企业小恩小惠的拉拢诱惑，最终放弃了开发票的权利。

《发票管理办法》规定，只要发生经营行为，收款方应当向付款方开具发票。餐饮发票是记录经营活动的一种原始证明，除了能作为就餐凭证、报销凭证外，还可以参加摇奖。餐馆作为服务业必须缴纳营业税，也必须给消费者提供发票，这是国家法律明确规定的强制性义务，任何经营者都不得以任何借口拒绝履行。如果餐饮企业采取赠送实物、拖延时间等方式不给发票，则涉嫌逃税漏税，对此消费者有权举报，税务部门查实后将依法进行处罚。

【总结和体会】

【教师评价】

四、纳税申报

【实训目的】

通过实训，让学生了解纳税申报工作的程序和申报标准，将所学的基础理论知识模拟运用于实践，在加强和规范纳税申报的管理的同时，提高学生的实际动手操作能力。

【知识链接】

（一）纳税申报的对象

下列纳税人或者扣缴义务人、代征人应当按期向主管国家税务机关办理纳税申报或者代扣代缴、代收代缴税款报告、委托代征税款报告：

（1）各项收入均应当纳税的纳税人。

（2）全部或部分产品、项目或者税种享受减税、免税照顾的纳税人。

（3）当期营业额未达起征点或没有营业收入的纳税人。

（4）实行定期定额纳税的纳税人。

（5）应当向国家税务机关缴纳企业所得税以及其他税种的纳税人。

按规定不需向国家税务机关办理税务登记，以及应当办理而未办理税务登记的纳税人。

扣缴义务人和国家税务机关确定的委托代征人。

（二）纳税申报的期限

（1）缴纳增值税、消费税的纳税人，以1个月为一期纳税的，于期满后10日内申报，以1日、3日、5日、10日、15日为一期纳税的，自期满之日起5日内预缴税款，于次月1日起10日内申报并结算上月应纳税款。

（2）缴纳企业所得税的纳税人应当在月份或者季度终了后15日内，向其所在地主管国家税务机关办理预缴所得税申报；内资企业在年度终了后45日内、外商投资企业和外国企业在年度终了后4个月内向其所在地主管国家税务机关办理所得税申报。

（3）其他税种，税法已明确规定纳税申报期限的，按税法规定的期限申报。

（4）税法未明确规定纳税申报期限的，按主管国家税务机关根据具体情况确定的期限申报。

申报期限的顺延。纳税人办理纳税申报的期限最后一日，如遇公休、节假日的，可以顺延。

延期办理纳税申报。纳税人、扣缴义务人、代征人按照规定的期限办理纳税申报或者报送《代扣代缴、代收代缴税款报告表》、《委托代征税款报告表》确有困难而需要延期的，应当在规定的申报期限内向主管国家税务机关提出书面延期申请，经主管国家税务机关核准，在核准的期限内办理。纳税人、扣缴义务人、代征人因不可抗力情形，不能按期办理纳税申报或者报送代扣代缴、代收代缴税款或委托代征税款报告的，可以延期办理。但是，应当在不可抗力情形消除后立即向主管国家税务机关报告。

（三）纳税申报方式

（1）上门申报。纳税人、扣缴义务人、代征人应当在纳税申报期限内到主管国家税务机关办理纳税申报、代扣代缴、代收代缴税款或委托代征税款报告。

（2）邮寄申报。纳税人到主管国家税务机关办理纳税申报有困难的，经主管国家税务机关批准，也可以采取邮寄申报，以邮出地的邮戳日期为实际申报日期。

（3）电传申报。实行自核自缴，且有电传条件的纳税人，经主管国家税务机关批准，可以采取电传申报。

（4）现场申报。对临时取得应税收入以及在市场内从事经营的纳税个人，经主管国家税务机关批准，可以在经营现场口头向主管国家税务机关（人员）申报。

（四）纳税申报的要求

纳税人、扣缴义务人、代征人应当到当地国家税务机关购领纳税申报表或者《代扣代缴、代收代缴税款报告表》、《委托代征税款报告表》，按照表式内容全面、如实填写，并按规定加盖印章。

纳税人办理纳税申报时，应根据不同情况提供下列有关资料和证件：

（1）财务、会计报表及其说明材料。

（2）《增值税专用发票领、用、存月报表》，《增值税销项税额和进项税额明细表》。

（3）《增值税纳税人先征税后返还申请表》。

（4）《外商投资企业超税负返还申请表》。

（5）与纳税有关的经济合同、协议书、联营企业利润转移单。

（6）未建账的个体工商户，应当提供收支凭证粘贴簿、进货销货登记簿。

（7）外出经营活动税收管理证明。

（8）境内或者境外公证机构出具的有关证明文件。

（9）国家税务机关规定应当报送的其他证件、资料。

扣缴义务人或者代征人应当按照规定报送《代扣代缴、代收代缴税款的报告表》或者《委托代征税款报告表》，代扣代缴、代收代缴税款或者委托代征税款的合法凭证，与代扣代缴、代收代缴税款或者委托代征税款有关的经济合同、协议书。

（五）违反纳税申报规定的法律责任

（1）纳税人未按照规定的期限办理纳税申报的，或者扣缴义务人、代征人未按照规定的期限向国家税务机关报送《代扣代缴、代收代缴税款报告表》的，由国家税务机关责令限期改正，可以处以2000元以下的罚款；逾期不改正的，可以处以2000元以上1万元以下的罚款。

（2）一般纳税人不按规定申报并核算进项税额、销项税额和应纳税额的，除按前款规定处罚外，在一定期限内取消进项税额抵扣资格和专用发票使用权，其应纳增值税，一律按销售额和规定的税率计算征税。

【实训资料】

2011年3月，税务机关在进行税务检查时发现，某企业上年未向税务机关申报企业所得税，当问及原因时，该企业负责人刘某说由于上年度亏损了10万元。税务机关对其处以2000元罚款。该企业负责人表示不理解，认为企业没有实现利润为什么还要进行纳税申报，并就此向上级税务机关提出税务行政复议。

【实训操作】

（1）亏损企业同样需要进行纳税申报吗？

（2）纳税人没有进行纳税申报的，税务机关对其应该如何处罚？

【相关提示】

（1）亏损企业同样需要进行纳税申报。

首先，亏损企业作为纳税人，同样负有纳税申报义务。

《税收征收管理法》第25条规定：纳税人必须依照法律、行政法规或者税务机关依法确定的申报期限、申报内容如实办理纳税申报。《企业所得税暂行条例》第16条规定："纳税人应当在月份或者季度终了后15日内向其所在地主管税务机关报送会计报表和预缴所得税申报表；年度终了后45日内，向其所在地主管税务机关报送会计决算报表和所得税申报表。"上述法律、法规规定了纳税人的纳税申报义务，亏损企业作为纳税人，同样负有该项义务。

其次，纳税人计算的应纳税所得额是税法所得而非会计所得。

《企业所得税暂行条例》第9条规定："纳税人在计算应纳税所得额时，其财务、会计处理办法同国家有关税收的规定有抵触的，应当依照国家有关税收的规定计算纳税。"这意味着企业的应纳税所得额是以税务机关依照税法调整后的利润额。

再次,纳税亏损与纳税盈利都属纳税所得,具同等申报意义。

《企业所得税暂行条例》第11条规定:"纳税人发生年度亏损的,可以用下一纳税年度的所得弥补;下一纳税年度的所得不足弥补的,可以逐年延续弥补,但是延续弥补期最长不得超过5年。"同样,这里的纳税人年度亏损数额并非指纳税人自己核算的结果,是指经过税务机关调整后作为以后纳税年度弥补亏损依据的亏损额。纳税人只有申报了纳税亏损才能正确进行纳税申报。

从上述规定中可以得出,纳税人不论是盈是亏都应在法律规定的申报期限内到主管税务机关办理纳税申报。

(2)纳税人未按照规定期限办理纳税申报,税务机关责令其限期改正,对其处以2000元以下的罚款。

《税收征收管理法》第62条规定:"纳税人未按照规定的期限办理纳税申报的,或者扣缴义务人未按照规定的期限向税务机关报送代扣代缴、代收代缴税款报告表的,由税务机关责令限期改正,可以处以2000元以下的罚款;情节严重的,可以处以2000元以上1万元以下的罚款。"根据此条规定,该案中税务机关除责令该企业限期改正,可对其处以2000元以下的罚款。

【总结和体会】

【教师评价】

五、税款缴纳

【实训目的】

通过实训,让学生了解税款的缴纳方式、纳税期限、核定征收、延期纳税、扣缴税款、退还税款、纳税担保及违反税款缴纳应承担的法律责任,在加强和规范税款缴纳的同时,提高学生遵守国家税收法律法规的意识。

【知识链接】

(一)税款缴纳的方式

纳税人应当按照主管国家税务机关确定的征收方式缴纳税款。

(1)自核自缴。生产经营规模较大,财务制度健全,会计核算准确,一贯依法纳税的企业，经主管国家税务机关批准，企业依照税法规定，自行计算应纳税款，自行填写、审核纳税申报表，自行填写税收缴款书，到开户银行解缴应纳税款，并按规定向主管国家税务机关办理纳税申报并报送纳税资料和财务会计报表。

（2）申报核实缴纳。生产经营正常，财务制度基本健全，账册、凭证完整，会计核算较准确的企业依照税法规定计算应纳税款，自行填写纳税申报表，按照规定向主管国家税务机关办理纳税申报，并报送纳税资料和财务会计报表。经主管国家税务机关审核，并填开税收缴款书，纳税人按规定期限到开户银行缴纳税款。

（3）申报查定缴纳。即财务制度不够健全，账簿凭证不完备的固定业户，应当如实向主管国家税务机关办理纳税申报并提供其生产能力、原材料、能源消耗情况及生产经营情况等，经主管国家税务机关审查测定或实地查验后，填开税收缴款书或者完税证，纳税人按规定期限到开户银行或者税务机关缴纳税款。

（4）定额申报缴纳。生产经营规模较小，确无建账能力或者账证不健全，不能提供准确纳税资料的固定业户，按照国家税务机关核定的营业（销售）额和征收率，按规定期限向主管国家税务机关申报缴纳税款。纳税人实际营业（销售）额与核定额相比升降幅度在20%以内的，仍按核定营业（销售）额计算申报缴纳税款；对当期实际营业（销售）额上升幅度超过20%的，按当期实际营业（销售）额计算申报缴纳税款；当期实际营业（销售）额下降幅度超过20%的，当期仍按核定营业（销售）额计算申报缴纳税款，经主管国家税务机关调查核实后，其多缴税款可在下期应纳税款中予以抵扣。需要调整定额的，向主管国家税务机关申请调升或调降定额。但是对定额的调整规定不适用实行起点定额或保本定额缴纳税款的个体工商户。

（二）纳税期限

（1）增值税、消费税以一个月为一期纳税的，纳税人应自期满后10日内缴纳税款；以1日、3日、5日、10日、15日为一期纳税的，纳税人应自期满后5日内预缴税款，于次月1日起10日内申报纳税并结清上月应纳税款。

（2）企业所得税，按年计算，分月或者分季预缴。纳税人应于月份或者季度终了后15日内预缴，年度终了后内资企业在4个月内汇算清缴，多退少补，外商投资企业和外国企业在5个月内汇算清缴，多退少补。

（3）按照规定不需要办理税务登记的纳税人，凡经营应纳税商品、货物的，应于发生纳税义务的当日向经营地主管国家税务机关申报纳税。

（4）其他税种，税法明确规定纳税期限的，按税法规定期限缴纳税款。

（5）税法未明确规定纳税期限的，按主管国家税务机关规定的期限缴纳税款。

（三）纳税人有下列情形之一的，应当依照主管国家税务机关核定的应纳税额缴纳税款

（1）经县（市）国家税务机关批准，不设置账簿的。

（2）应当设置但未设置账簿的。

（3）虽设置账簿，但账目混乱或者成本资料、收入凭证、费用凭证残缺不全，难以查核的。

（4）发生纳税义务，未按规定期限办理纳税申报，经主管国家税务机关责令限期申报，逾期仍不申报的。

（5）未取得营业执照从事经营的纳税人和跨县（市）经营的纳税人，逾期未进行纳税清算的。

（6）合资企业的合作者采取产品分成方式分得产品的。

（7）企业取得的收入为非货币资产或者为某项权益的。

（8）应缴税的外国企业常驻代表机构，不能提供准确的证明文件和正确的申报收入额，或者不能提供准确的成本、费用凭证的，应当按主管国家税务机关的审查意见，依照核定的收入额或者费用发生额核算应税收入计算纳税。

（9）外商承包工程作业或对有关工程项目提供劳务服务所取得的业务收入，如不能提供准确的成本、费用凭证，不能正确计算应纳税所得额的，应当按主管国家税务机关核定的利润率计算应纳税所得额并缴纳应纳税款。

（10）企业或者外国企业在中国境内设立的从事生产、经营的机构、场所与其关联企业之间的业务往来，未按照独立企业之间的业务往来收取或者支付价款、费用而减少应纳税额的，应当按照主管国家税务机关合理调整后的应纳税收入或者所得额缴纳税款。

（四）延期缴纳

（1）纳税人未按规定期限缴纳税款的，扣缴义务人、代征人未按规定期限解缴税款的，除按税务机关确定的期限缴纳或者解缴税款外，还应从滞纳税款之日起，按日加收滞纳税款 0.5‰ 的滞纳金。

（2）在国家税务机关办理税务登记的纳税人因有特殊困难，不能按期缴纳税款的，可以向主管国家税务机关申请延期缴纳税款，但最长不得超过 3 个月。纳税人申请延期缴纳税款，必须在规定的纳税期限之前，向主管国家税务机关提出书面申请，领取《延期纳税审批表》，说明原因，经主管国家税务机

关报县以上国家税务局核准后，在批准的延期内缓缴税款；未经核准的，仍应在规定的纳税期限内缴纳税款。

（五）扣缴、代征税款

（1）除税法规定的扣缴义务人外，有关单位或者个人对国家税务机关委托代征零星分散的税收，应当予以配合，并接受国家税务机关核发的委托代征证书。

（2）扣缴义务人、代征人必须依照税法或者委托代征证书的要求扣缴或者代征税款。

（3）扣缴义务人扣缴税款或者代征人代征税款时，纳税人拒绝缴纳税款的，或者因故不能扣缴、代征税款的，应当及时报告主管国家税务机关处理。

（4）扣缴义务人或者代征人的手续费由主管国家税务机关按规定比例提取发给，不得从代扣代收或者代征税款中坐支。

（六）税款补缴与退还

（1）纳税人、扣缴义务人计算错误等失误，未缴或者少缴税款，数额在10万元以内的，自税款所属期起3年内发现的，应当立即向主管国家税务机关补缴税款；数额在10万元以上的，自税款所属期起在10年内发现的，应当立即向主管国家税务机关补缴税款。因国家税务机关责任致使纳税人、扣缴义务人未缴或者少缴税款，自税款所属期起3年内发现的，应当立即向主管国家税务机关补缴税款，但不缴滞纳金。

（2）纳税人超过应纳税额向国家税务机关缴纳的税款，自结算缴纳税款之日起3年内发现的，可以向主管国家税务机关提出退还税款书面申请报告，经国家税务机关核实后，予以退还。

（3）纳税人享受出口退税及其他退税优惠政策的，应当按照规定向主管国家税务机关申请办理退税。

（七）纳税担保

下列纳税人必须依法向主管国家税务机关提供纳税担保：

（1）未领取营业执照从事生产、经营的纳税人，应当依法向主管国家税务机关提供纳税担保人或者预缴税保证金，按期进行纳税清算。

（2）跨县（市）经营的纳税人，应当依法向经营地主管国家税务机关提供纳税担保人或者预缴纳税保证金，按期进行纳税清算。

（3）欠缴税款的纳税人，应当依法向经营地主管国家税务机关提供纳税担保人或者预缴纳税保证金，按期进行纳税清算。

（4）国家税务机关要求提供纳税担保的其他纳税人。

纳税担保有以下形式:

(1) 纳税人提供的并经主管国家税务机关认可的纳税担保人作纳税担保,纳税担保人必须是经主管国家税务机关认可的,在中国境内具有纳税担保能力的公民、法人或者其他经济组织。国家机关不能作为纳税担保人。

(2) 纳税人以其所拥有的未设置抵押权的财产作纳税担保。

(3) 纳税人预缴纳保证金。

纳税担保人同意为纳税人提供纳税担保的,应当到主管国家税务机关领取纳税担保书,按照纳税担保书的内容,写出担保对象、担保范围、担保期限和担保责任以及其他有关事项。经纳税人、纳税担保人分别签字盖章,报主管国家税务机关审核同意后,方可作为纳税担保人。

纳税人以其所拥有的未设置抵押权的财产作为纳税担保的,应当填写作为纳税担保的财产清单,并写明担保财产的价值以及其他有关事项。纳税担保财产清单须经纳税人和国家税务机关签字后方为有效。

纳税人未按照规定缴纳税款的,由其纳税担保人负责缴纳,或者以其纳税保证金抵缴税款,或者由国家税务机关拍卖其未设置抵押权的财产缴纳税款。

(八) 违反税款缴纳规定的法律责任

(1) 欠税及其处罚。纳税人、扣缴义务人在规定的期限不缴或者少缴应纳或应解缴的税款,主管国家税务机关应当责令其限期缴纳,逾期仍未缴纳的,国家税务机关除按照《税收征收管理法》第 27 条规定采取强制执行措施追缴其不缴或者少缴的税款外,并处以不缴或者少缴税款 5 倍以下的罚款。

纳税人欠缴应纳税款,采取转移或者隐匿财产的手段,致使国家税务机关无法追缴其欠缴的税款,数额在 1 万元以上的,除由国家税务机关追缴其欠缴的税款外,依照关于惩治偷税、抗税犯罪的补充规定第 2 条的规定处罚;数额不满 1 万元的,由国家税务机关追缴其欠缴的税款,并处以欠缴税款 5 倍以下的罚款。

代征人不缴或者少缴已代征税款,由国家税务机关追缴其不缴或者少缴的税款,并可以处以不缴或者少缴税款 5 倍以下的罚款。

(2) 未按规定扣缴、代征税款及其处罚。扣缴义务人应扣未扣、应收未收税款的,由扣缴义务人缴纳应扣未扣、应收未收的税款。但是,扣缴义务人已将纳税人拒绝代扣、代收的情况及时报告税务机关的除外。

代征人未按照委托代征证书的要求征收税款的,由代征人缴纳应征而未征或者少征的税款。受托代征人已将纳税人拒绝缴纳的情况或者其因故不能代征税款的情况及时报告税务机关的除外。

（3）偷税及其处罚。偷税是指纳税人采取伪造、变造、隐匿、擅自销毁账簿、记账凭证，在账簿上多列支出或者不列、少列收入或者进行虚假的纳税申报的手段，不缴或者少缴应纳税款的行为。偷税数额不满1万元或者偷税数额占应纳税额不到10%的，由国家税务机关追缴所偷税款，并处以所偷税款5倍以下的罚款；偷税数额在1万元以上并且偷税额占应纳税额的10%以上的，以及因偷税被税务机关给予二次行政处罚又偷税的，除应依法补缴所偷税款外，由司法机关依法处罚。

扣缴义务人采取前项所列手段，不缴或者少缴已扣、已收税款，数额占应缴税额的10%以上并且数额在1万元以上的，除依法追缴税款外，由司法机关依法处罚；数额不满1万元或者数额占应纳税额不到10%的，由国家税务机关依法追缴其不缴或者少缴税款，并处以5倍以下的罚款。

（4）骗税及其处罚。骗税是指企业、事业单位采取对所生产或者经营的商品假报出口等欺骗手段，骗取国家出口退税款的行为。骗税数额在1万元以下的，由国家税务机关追缴其骗取的出口退税款，并处以所骗税款5倍以下的罚款；数额在1万元以上的，除由国家税务机关追缴其骗取的出口退税款外，由司法机关依法处罚。

企业、事业单位以外的单位或个人骗取国家出口退税款的，除由税务机关追缴其骗取的退税款外，由司法机关依法处罚；数额较小，未构成犯罪的，由国家税务机关追缴其骗取的退税款，并处以骗取税款5倍以下的罚款。

（5）抗税及其处罚。抗税是指以暴力、威胁方法拒不缴纳税款的行为。抗税情节轻微，未构成犯罪的，由国家税务机关追缴其拒缴的税款，处以拒缴税款5倍以下的罚款；构成犯罪的，由司法机关依法处罚。

以暴力方法抗税致人重伤或者死亡的，由司法机关按照伤害罪、杀人罪从重处罚，并依照前项规定处以罚金。

【实训资料一】

明珠公司是专门从事服装设计、生产与销售的民营企业。2011年3月8日，该公司发生火灾，损失惨重，致使企业营运资金紧张。3月12日，企业主管税务机关来电话催促企业进行纳税申报，接电话的是办公室秘书小吴。小吴因为陪同黄经理忙于处理灾后事务，忘记了告诉企业财务主管陈某。3月15日，税务机关向企业送达了《缴纳税款通知书》。同日经理黄刚电话告知税务机关，企业因发生火灾，资金周转不过来，希望能延期纳税。3月18日，税务机关向企业送达了《行政处罚事项告知书》，告知企业迅速缴纳税款及罚款1.5万元。经理黄刚再次电话告知税务机关企业现在的处境，希望能延期纳税。3 月 28 日，税务机关以逃避追缴欠税罪对明珠公司起诉。

【实训操作】

（1）该公司是否符合延期纳税的条件及延期纳税的法定程序是什么？

（2）该公司的行为是否构成偷逃税款罪？

【相关提示】

（1）公司虽具有符合延期纳税的"特殊困难"，但没有经特定程序申请，而只是挂个电话，这样就导致税务机关没有任何凭证，事情过后便会忘记，这可能也是税务机关后来对明珠公司起诉的原因。

（2）这里的特定程序是指，纳税人经申请并获税务机关的审查，纳税人应当填写税务机关统一格式的《延期缴纳税款申请审批表》，经基层征收单位对准予延期的税额和期限签注意见，报县及县以上税务局（分局）局长批准后，方可延期纳税。而本案例中纳税人没有经过这些程序，被罚是情理之中的事。

（3）纳税人有困难是实情，不是有意违法，而且曾两次电话告知税务机关其经济困难。根据《刑法》第 203 条，逃避追缴欠税罪，是指纳税人欠缴应纳税款，采取转移或者隐匿财产的手段，致使税务机关无法追缴欠缴的税款，且数额较大的行为。本案例中，明珠公司因特殊困难没有办法缴纳税款，虽没有按法定程序进行延期纳税申请，但并没有转移或隐匿财产，逃避纳税责任，因而不构成犯罪。

【实训资料二】

某私营电器商店业主李某欠缴增值税税款 5 万元。税务机关催缴两次，李某都置之不理，当地税务机关向其下达了《催缴税款通知书》，限其 10 天之内补缴，李某仍未缴纳。税务机关经税务局长批准，依法对其实施强制执行措施。查核其开户行账号，确认没有资金，于是决定查封其商店相应的商品。当税务人员到商店执行时，发现商店业主却是王某。王某讲李某前几天将商店转让给自己；李某向税务机关称已将转让商店的钱用于购买一批计算机，没有钱纳税。

【实训操作】

（1）对李某的行为应该如何定性？

（2）税务机关应如何处理该案？

【相关提示】

（1）《刑法》第 203 条规定："纳税人欠缴税款，采取转移或者隐匿财产的手段，致使税务机关无法追缴的税款，数额在 1 万元以上不满 10 万元的，处 3 年以下有期徒刑或者拘役，并处或者单处欠缴税款 1 倍以上 5 倍以下罚金；数额在 10 万元以上的，处 3 年以上 7 年以下有期徒刑，并处欠缴税款 1 倍以上 5 倍以下罚金。"从上述规定中可以看出，逃避追缴欠税行为构成要件主要有三：①在法律、法规规定的纳税申报期限内未缴或者未缴足税款，即欠税。②主观上故意采取转移或者隐匿财产的手段。③客观上导致税务机关无法追缴欠缴税款。该案中李某首先欠税，其次在限期内不纳税，明显构成逃避追缴欠税行为，并因其所欠税款数额较大，构成了逃避追缴欠税罪。

（2）税务机关应做如下处理：

①继续追缴店主李某所欠缴的税款和滞纳金。

②将此案移送司法机关处理。

由于李某的行为已构成犯罪，故应移送司法机关依法追究刑事责任；被判处罚金的，应当在罚金执行前先行由税务机关追缴税款。

【总结和体会】

【教师评价】

六、纳税检查

【实训目的】

通过实训，让学生了解纳税检查的方法，通过检查及时发现税款缴纳过程中存在的问题，规范纳税程序，保证税款的缴纳及时足额，同时也提高学生的遵守税收法律法规的意识。

【知识链接】

（一）组织纳税自查

（1）纳税人、扣缴义务人应当建立自查制度，结合财务核算过程和生产经营的实际情况，对照现行税收法律、法规检查有无漏报应税收入、多列支出、虚增抵扣税额、漏报或错报代扣（收）税项目、错用税率或计算错误等情况。

（2）对于国家税务机关组织的各类纳税检查，应当按照国家税务机关通知的内容、要求、时间等，组织力量认真开展自查。纳税人、扣缴义务人日常自查中，发现纳税错误，应当自行纠正；对于在国家税务机关组织的自查中发现的纳税错误，除主动改正存在的问题，自觉补缴税款和调整有关账务外，还要如实填报自查情况报告表。如自查无问题，亦应按规定填表上报。

（二）配合税收检查

（1）纳税人、扣缴义务人对国家税务机关布置的各类税务检查活动，应当积极配合。对主管部门或按行业组织的联查、互查，要有专人参加，协助开展工作，主动提供账证资料和情况。检查结束要协助检查人员核实问题。对国家税务机关检查后作出的处理决定，应当立即执行，按规定期限补缴税款、滞纳金和罚款；进行账务调整，建立健全相应的制度，以免今后发生类似问题。

（2）国家税务机关需要对纳税人或其他单位、个人的纳税情况采用录音、录像、照相、复印等方式进行调查取证时，有关人员应如实提供情况，出具证据，予以配合，不得拒绝或者隐瞒。

（3）纳税人、扣缴义务人及其他公民对于不按规定履行纳税义务和违反税法的行为，有权向国家税务机关检举揭发，为税务检查提供线索，由国家税务机关按规定给予奖励并为其保密。

（4）纳税人外出经营应当自觉服从所在地国家税务机关的管理，及时办理有关手续，按规定申报纳税。

（5）纳税人在车站、码头、机场、邮政企业及其分支机构托运、邮寄应纳税商品、货物或者其他财产，应当配合国家税务机关检查，如实提供其单据、凭证和有关资料。

【实训资料一】

某建筑装饰企业属纯地税户，经济性质：集体，经营范围：专业工程承包。企业所得税按5%定率征收。检查人员在对该企业2010年度的纳税情况进行检查时发现：该企业存在账票数据不符，开具发票漏记收入，造成少缴税金的情况。

该企业2010年企业账面记载工程结算收入78728.61元与纳税申报的收入相符，同时已按规定缴纳了相关税金。通过检查企业的发票使用情况，2010年度开具的发票金额与账面收入相符均为78728.61元。但检查人员发现2009年12月25日向甲方开具一张发票并收取了相应的工程款项20000元，是该企业发票的第一份，检查人员怀疑此笔是否应为2010年收入并未入账，后询问企业财务人员并经核实2009年最后一月结账日期为12月20日，而且核实2009年收入也不含此笔。最后，通过和财务人员一起反复的核对，检查人员和财务人员均认为此笔由于结账时间的时差问题和财务人员的疏忽，造成漏记收入，少缴了税金。即应补营业税600元，城市维护建设税30元，教育费附加 18 元，企业所得税 180 元。

在检查过程中，企业财务人员积极配合检查。而且检查人员经过分析，本着实事求是的原则，确认由于结账时间等问题造成漏记收入，不是主观故意，最后检查人员根据《税收征收管理法》定性为应缴未缴，责令企业限期缴纳应补税款，并按日加收了相应的滞纳金。营业税、城建税、教育费附加滞纳金合计 273.46 元，企业所得税加收 36 元。

【实训操作】

根据上述情况做相应的账务处理。

【相关提示】

通过税务检查发现该企业开具发票漏记收入少纳税的行为。其相应的账务处理如下：

（1）提取营业税金及附加：

借：以前年度损益调整	648	
贷：应交税费——营业税		600
——城建税		30
其他应交款——教育费附加		18

（2）提取所得税：

借：以前年度损益调整	180	
贷：应交税费——所得税		180

（3）上缴税金和滞纳金：

借：应交税费——营业税	600	
——城建税	30	
——企业所得税	180	
其他应交款——教育费附加	18	
利润分配——未分配利润	309.46	
贷：银行存款（现金）		1137.46

【实训资料二】

某县汽车运输公司系国有企业。2010 年 12 月份主管税务机关对该公司进行税收检查时，发现运输支出——燃料账户有红字出现。经核对记账凭证，其原因是该公司自本年开始使用一部分高价汽油，为了转嫁负担，按运费向客户收取 15%～50% 的高价油补贴。其账务处理是在发票运费科目下附列高价油补贴项目，同运费一并收取，然后将运费列入运输收入，高价油补贴红字直接冲减燃料成本。该公司自年初至年底共收取该项补贴 114742.01 元，全部直接冲减了运输支出。如 2011 年 2 月发生的一笔业务是：向××厂收取运费 12000 元，按运费附加 20% 的高价油补贴计 2400 元。会计分录是：

借：银行存款　　　　　　　　　　　14400

　　运输支出——燃料　　　　　　　　2400

贷：运输收入　　　　　　　　　　　12000

【实训操作】

该公司上述将高价油补贴直接冲减燃料成本的做法是否正确？为什么？

【相关提示】

该公司向客户收取的高价油补贴实为自行提高运费标准收取的，属于运输收入。依据《营业税暂行条例》第 5 条的规定，对该公司的此项收入按运输收入账户金额 3% 的税率补征营业税 3442.26 元，并责令其限期调账。

【总结和体会】

【教师评价】

七、行政复议与行政诉讼

【实训目的】

通过实训，让学生了解税务行政复议的申请、受理及复议的执行，税务行政诉讼的期限以及国家赔偿问题，将日常学习的基础理论和实践问题结合起来，提高遵守税收法律法规的意识，在处理税务争议方面可以提起行政复议或行政诉讼，采取合法的手段更好地维护自身的权利。

【知识链接】

（一）行政复议

1. 申请复议的时间。

（1）纳税人、扣缴义务人和其他税务当事人同国家税务机关在纳税上发生争议时，必须先依照法律、行政法规确定的税额缴纳或者解缴税款及滞纳金，然后在收到国家税务机关填发的缴款凭证之日起 60 日内向上一级国家税务机关申请复议。

（2）申请人对国家税务机关作出的税收保全措施、税收强制执行措施及行政处罚行为不服，可以在接到处罚通知之日起或者国家税务机关采取税收保全措施，强制执行措施之日起 15 日内向上一级国家税务机关申请复议或直接向人民法院起诉。

（3）申请人对国家税务机关作出的阻止出境行为，拒绝颁发《税务登记证》、拒绝出售发票或不予答复的行为以及责令提交纳税保证金或提供纳税担保的行为不服申请复议的，可以在知道上述行为之日起 15 日内向上一级国家税务机关申请复议。

2. 申请复议应当符合下列条件：

（1）申请人认为具体行政行为直接侵犯了其合法权益。

（2）有明确的被申请人。

（3）有具体的复议请求和事实依据。

（4）属于申请复议范围。

（5）属于复议机关管辖。

（6）在提出复议申请前已经依照国家税务机关根据法律、行政法规确定的税额缴纳或者解缴税款及滞纳金。

（7）复议申请是在法定期限内提出的。

3. 复议申请书应当载明下列内容：

（1）申请人的姓名、性别、年龄、职业、住址等（法人或其他组织的名称、地址、法定代表人的姓名）。

（2）被申请人的名称、地址。

（3）申请复议的要求和理由。

（4）已经依照国家税务机关根据法律、行政法规确定的税额缴纳或者解缴税款及滞纳金的证明材料。

（5）提出复议申请的日期。

4. 纳税人、扣缴义务人、纳税担保人和其他税务争议当事人应当以自己的名义申请复议。

有权申请复议的公民死亡的，其近亲属可以申请复议；有权申请复议的公民是无行为能力或限制行为能力人的，其法定代理人可以代理申请复议。与申请复议的具体行政行为有利害关系的人或者组织，经复议机关批准，可以作为第三人申请参加复议。

5. 复议的受理。

（1）申请复议的单位和个人必须按照税务行政复议的要求提交有关材料、证据并提出答辩书。

（2）申请复议的单位和个人在复议人员审理中可以申请回避，但要服从复议机关法定人员作出的是否回避的决定。

（3）申请复议的单位和个人可以向复议机关申请撤销、收回其复议申请，但必须经过复议机关的同意，复议申请的撤回才产生法律效力。

（4）复议申请人认为国家税务机关的具体行政行为侵犯了其合法权益并造成了损害，可以在提起复议申请的同时请求赔偿。

6. 复议的执行。

（1）复议申请人接到复议裁决书时必须签收。

（2）复议决定书一经送达即发生法律效力，应当自觉执行复议决定。如果对复议决定不服的，可以向人民法院起诉。

（3）申请人逾期不起诉又不履行税务行政复议决定的，人民法院强制其执行。

（二）行政诉讼

（1）复议申请人对国家税务机关作出的不予受理其复议申请的裁决不服，可自收到不予受理裁决书之日起 15 日内，就复议机关不予受理的裁决本身向人民法院起诉。

（2）复议申请人对复议决定不服的，可以自接到复议决定书之日起 15 日内向人民法院起诉。

（3）纳税人和其他税务当事人对国家税务机关作出的税收保全措施、强制执行措施及行政处罚行为不服，可以在接到处罚通知书之日起或者国家税务机关采取税收保全措施、强制执行措施之日起 15 日内向人民法院起诉。

【实训资料一】

李某于 2010 年 10 月 7 日被所在县的地税局罚款 600 元，王某是李某的好朋友，他认为地税局的罚款过重，于同年 11 月 14 日以自己的名义，向该县政府邮寄了行政复议书。由于邮局的原因，该县政府 2011 年 1 月 14 日才收到行政复议申请书，该县政府在 2011 年 1 月 24 日以超过复议申请期限为由作出不予受理决定，并电话通知了王某。

【实训操作】

请根据税收征管法中税务行政复议的有关规定回答下列问题：

（1）王某能否作为申请人申请行政复议？为什么？

（2）本案申请人的申请期限是否超期？为什么？

（3）县政府对王某的行政复议申请，作出不予受理决定的期限是否符合《行政复议法》的规定？如果不符合，县政府应在几日内作出？

（4）县政府用电话通知王某不予受理的做法是否符合《行政复议法》的规定？如果不符合，应当用什么方式？

（5）如果李某申请行政复议，县政府能否受理？如果不能，李某应当向哪个机关申请？

【相关提示】

（1）根据《行政复议法》的规定，只有认为具体行政行为侵犯其合法权益的公民、法人和其他组织，才能作为申请人申请复议，本案中的王某与县地税局的具体行政行为没有利害关系，所以王某不能申请复议。

（2）以邮寄方式申请行政复议的，以邮寄的邮戳日期为准，邮寄在途期间不计算期限，本案中的申请人没有超过法定申请期限。

（3）县政府作出不予受理决定的期限不符合《行政复议法》的规定，县政府应当在5日内作出是否受理的决定。

（4）县政府用电话通知不予受理的做法不符合《行政复议法》的规定。县政府应当采用书面方式告知申请人。

（5）县政府不能受理。根据《行政复议法》第12条规定，李某应当向县地税局的上一级主管部门（市地税局）申请行政复议。

【实训资料二】

某县国税局集贸税务所在2010年12月4日了解到其辖区内经销水果的个体工商业户B（定期定额征收业户，每月10日缴纳上月税额），打算在12月底收摊回外地老家，并存在逃避缴纳2010年12月税款1200元的可能。该税务所于12月5日向B下达了限12月31日前缴纳12月份税额1200元的通知。12月27日，该税务所发现B正在联系货车准备将其所剩余的货物运走，于是当天以该税务所的名义由所长签发向B下达了扣押文书，由税务人员李某带两名协税组长共三人将B价值约1200元的水果扣押存放在借用的某机械厂仓库里。2010年12月31日11时，B到税务所缴纳了12月份应纳税款1200元，并要求税务所返还所扣押的水果，因机械厂仓库保管员不在未能及时返还。2011年1月2日15时，税务所将扣押的水果返还给B。B收到水果后发现部分水果受冻，损失水果价值500元。B向该所提出赔偿请求，该所以扣押时未开箱查验是否已冻，水果受冻的原因不明为由不予理睬。而后，B向县国税局提出赔偿申诉。

【实训操作】

根据上述资料及税务行政诉讼的有关规定回答下列问题：

（1）税务所的执法行为有哪些错误？

（2）个体工商业户 B 能否获得赔偿？

【相关提示】

1. 该税务所在采取税收保全措施时存在以下问题：

（1）违反法定程序。《税收征管法》第 26 条第一款规定，税务机关有根据认为从事生产、经营的纳税人有逃避纳税义务行为的，可以在规定的纳税期限之前，责令限期缴纳应纳税款；在限期内发现纳税人有明显的转移、隐匿其应纳税的商品、货物以及其他财产或者应纳税的收入的迹象的，税务机关可以责成纳税人提供纳税担保。如果纳税人不能提供纳税担保，经县以上税务局（分局）局长批准，税务机关可以采取税收保全措施。这也就是说，采取税收保全措施的程序是责令限期缴纳在先，纳税担保居中，税收保全措施断后。该所未要求 B 提供纳税担保直接进行扣押，违反了法定程序。

（2）越权执法。《税收征管法》第 26 条规定，采取税收保全措施应经县以上税务局（分局）局长批准，本案中该税务所向 B 下达扣押文书是以该税务所的名义由所长签发，显然没有经过县以上税务局（分局）局长批准。

（3）执行不当。①《税收征管法实施细则》第 46 条规定，税务机关执行扣押、查封商品、货物或者其他财产时，必须由两名以上税务人员执行。该税务所执行扣押行为时只有税务人员李某一人，协税组长虽可协助税务人员工作，但不能代替税务人员执法。②在扣押商品、货物或其他财产（以下简称物品）时应对被扣押的物品进行查验，并由执行人与被执行人共同对被扣押物品的现状进行确认，只有在此基础上才能登记填制《扣押商品、货物、财产专用收据》。对扣押的物品进行查验，《税收征管法》中虽没有明文规定，但从《税收征管法实施细则》第 43 条关于扣押鲜活、易腐烂变质或者易失效的商品、货物的规定可以看出，在执行扣押时应掌握扣押物品的质量（现状），因此有必要对所扣押的物品进行查验，并由执行人和被执行人对其现状进行确认，这是税务人员在实际工作中应当注意的，只有这样才能分清责任，避免纠纷。③未妥善保管被扣押物品。④税收保全措施的解除超过时限。《国家税务总局关于贯彻实施税收征管法及其实施细则若干问题的规定》第 9 条规定，纳税人在税务机关采取税收保全措施后按照税务机关规定的期限缴纳税款的，税务机关应当在收到税款或银行转回的税票后 24 小时内解除税收保全。本案中，该税务所向 B 返回所扣押的商品是在该税务所收到 B 缴纳税款后的52 小时之后，违反了上述规定。

2. 纳税人 B 可以获得赔偿。

《税收征管法》第 26 条第三款规定：采取税收保全措施不当，或者纳税人在限期内已缴纳税款，税务机关未立即解除税收保全措施，使纳税人的合法利益遭受损失的，税务机关应当承担赔偿责任。《国家赔偿法》第4条也规定了行政机关及其工作人员在行使职权时，违法对财产采取查封、扣押、冻结等行政强制措施的，受害人有取得赔偿的权利。

【总结和体会】

【教师评价】

八、税务代理

【实训目的】

通过实训，让学生了解税务代理的申请、代理的成立、代理的执行、代理的终止及代理的法律责任。将理论基础知识的学习与实践内容结合起来，培养和锻炼学生处理实际问题的能力，提高实务操作的水平。

【知识链接】

（一）代理的申请

纳税人、扣缴义务人可以向税务代理机构递交书面申请，委托税务代理。税务代理内容为：单项的办理开业税务登记、变更税务登记、注销税务登记、发票领购手续、纳税申报或扣缴税款报告、税款缴纳和申请退税、制作涉税文书、审查纳税情况、建账建制、税务咨询、聘请税务顾问、申请税务行政复议或者税务行政诉讼以及国家税务总局规定的其他业务。委托税务代理可以是单项代理、综合代理或全部代理。

（二）代理的成立

纳税人、扣缴义务人向税务代理机构提出申请，并与代理机构商定代理事宜后，双方签订委托代理协议书。委托代理协议书应当载明代理人、被代理人名称、代理事项、代理权限、代理期限以及其他应明确的内容，并由税务师及其所在地的税务代理机构和被代理人签名盖章。纳税人、扣缴义务人向代理机构按规定缴纳代理费用后，代理与委托代理关系成立。当委托代理的业务范围发生变化时，被代理人应及时向代理人提出申请，修订协议书。

（三）代理的执行

纳税人、扣缴义务人委托代理办税事宜，必须按签订协议的内容提供必要的生产经营情况及有关资料，保证代理业务正常进行。

（四）代理的终止

（1）当委托税务代理期限届满，委托协议书失效，委托税务代理关系自然终止。

（2）税务代理人有下列情况之一的，被代理人在代理期间内可以单方终止代理行为：

①税务师已死亡。

②税务代理人被注销其资格。

③税务代理人未按委托代理协议书的规定办理代理业务。

④税务代理机构已破产、解体或被解散。

（3）被代理人有下列情况之一的，税务代理人在委托期限内可以单方终止代理行为：

①被代理人死亡或者解体。

②被代理人授意税务代理人实施违反国家法律、行政法规的行为，经劝告仍不停止其违法活动的。

③被代理人提供虚假的生产、经营情况和财务会计报表，造成代理错误，或被代理人自己实施违反国家法律、行政法规的行为。

（4）被代理人或税务代理人按规定单方终止委托代理关系的，终止方应及时通知另一方，并向当地国家税务机关报告，同时公布终止决定。

（五）代理的法律责任

税务代理人超越代理权限，违反税收法律、行政法规，造成纳税人、扣缴义务人未缴或者少缴税款的，除由纳税人、扣缴义务人缴纳或者补缴应纳税款、滞纳金外，对税务代理人处以2000元以下的罚款。

【实训资料一】

下述情形中，委托方在代理期限内可单方面终止代理行为的有（　　　）。

A. 代理的注册税务师死亡

B. 税务师事务所W注册税务师，没有按照代理协议规定的时间进行纳税申报

C. 税务师事务所破产、解体或被解散

D. 税务代理人员未按照委托方的授意进行税务代理

E. 税务师事务所由于代理业务被其他企业起诉

【相关提示】

A选项属于税务代理关系变更的情形。有下列情形之一的，委托方在代理期限内可单方终止代理行为：①税务代理执业人员未按代理协议的约定提供服

务。②税务师事务所被注销资格。③税务师事务所破产、解体或被解散。因此答案选 B、C。

【实训资料二】

下列发生的行为中，税务师事务所可以在代理期限内单方面终止代理行为的是(　　)。

A. 甲企业与事务所签订税务代理协议后，甲企业被工商部门注销了工商登记

B. 乙企业与事务所签订税务代理协议后，事务所负责该项业务的注册税务师意外死亡

C. 丙企业与事务所签订税务代理协议后，事务所被注销了资格

D. 丁企业与事务所签订税务代理协议后，丁企业负责人授意负责该业务的注册税务师帮助采用少计收入、多计费用的方式，达到税收筹划的目的

E. 戊企业与事务所签订税务代理协议后，企业提供虚假的财务会计资料，造成注册税务师代理申报的所得税额错误

【相关提示】

B 选项属于变更的内容；C 选项属于委托方在代理期限内单方面终止代理的行为；D 选项企业负责人授意负责该业务的注册税务师帮助采用少计收入、多计费用的方式，强调经劝告仍不停止其违法活动的，才属于税务师事务所可以在代理期限内单方面终止代理的行为。因此答案选 A、E。

【总结和体会】

【教师评价】

图书在版编目（CIP）数据

税法实训教程/戴正华，张群丽主编 . —2 版 . —北京：经济管理出版社，2013.8

ISBN 978-7-5096-2561-3

Ⅰ.①税… Ⅱ.①戴… ②张… Ⅲ.①税收管理-中国-教材 Ⅳ.①F812.423

中国版本图书馆 CIP 数据核字（2013）第 166420 号

组稿编辑：申桂萍

责任编辑：魏晨红

责任印制：杨国强

责任校对：超　凡

出版发行：经济管理出版社

　　　　　（北京市海淀区北蜂窝 8 号中雅大厦 A 座 11 层　　100038）

网　　　址：www. E-mp. com. cn

电　　　话：（010）51915602

印　　　刷：三河市延风印装厂

经　　　销：新华书店

开　　　本：720mm×1000mm/16

印　　　张：16. 5

字　　　数：270 千字

版　　　次：2013 年 8 月第 2 版　2013 年 8 月第 1 次印刷

书　　　号：ISBN 978-7-5096-2561-3

定　　　价：36. 00 元